上海家长学校
名人家庭教育丛书

杨敏 主编

张佳昊 杨敏 著

中国近现代名人家庭教育启示录

国学家卷

上海人民出版社
上海远东出版社

图书在版编目(CIP)数据

中国近现代名人家庭教育启示录.国学家卷/张佳昊,杨敏著.—上海:上海远东出版社,2023
(名人家庭教育丛书)
ISBN 978-7-5476-1950-6

Ⅰ.①中… Ⅱ.①张…②杨… Ⅲ.①家庭教育-中国②国学-名人-生平事迹-中国-近现代 Ⅳ.①G78②K825.4

中国国家版本馆CIP数据核字(2023)第187666号

责任编辑 张君钦
封面设计 李 廉

本书由上海开放大学
家庭教育教材开发与出版项目资助出版

名人家庭教育丛书

中国近现代名人家庭教育启示录.国学家卷

张佳昊 杨 敏 著

出　　版	上海遠東出版社
	(201101　上海市闵行区号景路159弄C座)
发　　行	上海人民出版社发行中心
印　　刷	上海信老印刷厂
开　　本	890×1240　1/32
印　　张	5.25
字　　数	101,000
版　　次	2023年12月第1版
印　　次	2023年12月第1次印刷
ISBN 978-7-5476-1950-6/G·1188
定　　价	40.00元

名人家庭教育丛书

编委会

主　　　任　王伯军
副 主 任　王松华　王　欢　应一也　郑　瑾
编委会成员　蒋中华　徐文清　邝文华　祝燕国
　　　　　　陈圣日　金新宇　吴　燕　毕玉龙
　　　　　　沈忠贤　丁海珍　张　令　叶柯挺
　　　　　　陆晓春　朱　斌　王秋兰　汤　为

总序

每个时代各领域的名人名家通常都具有敏锐的洞察力和感知力,是新思想、新观念的传播者,也是社会变革的积极参与者和推动者。

作为一个有思想、有力量、有张力的群体,名人名家大多对其所在的领域有深入的理解和独特视角,能够提供有前瞻性、创新性的思想和观点,引领社会的发展方向。他们中的一部分人是社会的领导者和决策者,其决策和行为直接影响社会的稳定与和谐;他们通过自身的影响力和权威,在社会中起到调节和稳定的作用。

与此同时,他们也是各类知识和技术的传授者,通过教育推广、研究思考和实践行动,将自己的知识和经验传递给更多的人,推动社会的科技进步;他们作为公众人物,其言行能够对公众产生较大影响,塑造公众的价值观和世界观,助推社会奔向未来。

此外,他们的成功与名望,往往能鼓舞更多的人去追寻自己的目标;他们的存在就像一座座灯塔,为大众指明前行的方向。而他们在家庭教育方面的与时俱进、勇于创新,正是他们在整个社会发展中敢于尝试和创造的价值折射。

从宏观角度而言,近现代中国的家庭教育像浮雕一样凸显在中国教育史上。在西方社会文化思潮和教育思想涌入中国社会的同时,中国传统家庭教育自身也开始对旧式的家庭教育理念与实践展开了自我批判,并在尝试改革与重构。[1] 随着中国社会的转型,近现代中国各领域名人大家的家庭教育都发生了巨大变化。其重要特征,就是他们把科学、民主、平等的思想观念和实践行动带入家庭教育中,将家庭教育爱国育人的优秀传统和科学、民主、平等的时代精神兼收并蓄、相互融通,以适应转型社会对人才培养的要求,开创了一股更新家庭伦理和教育观念的新风气,也带来了中国家庭教育与人才培养的新时代。

纵观1840年至1949年的我国家庭教育发展史,大致可以划分为四个阶段[2]。

第一阶段,从1840年鸦片战争到19世纪60年代,是我国家庭教育近现代转型的沉默期。此阶段家庭教育总体上尚未突破传统模式,也未呈现家庭教育转型的痕迹。

第二阶段,从19世纪60年代至90年代,是我国家庭教育近现代转型的起步期。此一时期,家庭教育近现代化的步伐比较缓慢,只局限在一些高层统治者和名人大家尤其是官宦家庭中。

第三阶段,从19世纪末到1912年中华民国成立,是我国家庭教育近现代转型的发展期。在此阶段,我国家庭教育随着近

---

[1] 季瑾:《家庭教育现代化的启动与发展——计于民国家庭教育史的研究》,南京:南京师范大学,2013年。
[2] 南钢:《我国家庭教育的近代转型》,兰州:西北师范大学,2001年。

现代文化教育转型的深入而逐渐深化,在家庭教育的内容、方法、原则及理论层面都有突破性的成就,家庭教育成为一种较普遍的社会意识。

第四阶段,从1912年中华民国成立到1949年中华人民共和国成立,是我国家庭教育近现代转型的成熟期。此一时期,随着对西方幼儿教育思想、制度及儿童心理学的学习,家庭教育思想发生了革命性变革,使得家庭教育的目的、作用、内容和方法等,都显示出鲜明的近现代特征。

从发展趋势来看,这四个阶段的家庭教育转型呈现的大方向是父母对子女教育的两个转变:从注重孝道、尊重长辈和家族的传统规矩,向更加关注子女的个人发展和自由意志,注重理性思维和科学知识的转变;从传统的权威教育,向自由、平等和科学的教育转变同时,提倡男女平等和尊重个体差异。

基于这些转变,父母教育子女的方式和理念发生了巨大变化,近现代中国家庭教育呈现以下六个主要特点。

第一,注重传承价值观。近现代名人名家的家庭教育无一例外都有自己的一套核心价值观和生活哲学,他们希望通过家庭教育将这些价值观和生活哲学传承给下一代,包括对社会责任感的理解、对人生目标的设定、对成功的定义等。

第二,重视全面发展。他们的家庭教育往往强调个人的全面发展,涵盖传统文化、学业专攻、艺术爱好、社交能力等多方面的能力培养。他们的目标不仅仅是让孩子在学业上取得优异的成绩,更注重培养他们的独立思考能力、创新意识和解决问题的能力。

第三，提供丰富资源。近现代名人名家通常都拥有丰富的资源，所以他们可以为孩子提供更多的学习和成长机会，包括优质的教育资源、各种社会活动以及旅行经验等。

第四，高度参与子女的成长。在子女成长的过程中，他们大都高度参与了孩子的教育行动，对孩子的学习、活动、兴趣、理想、志趣等方面都细心关注，在必要时提供高能的指导和帮助。

第五，培养子女的自主性。近现代名人名家的家庭教育十分注重鼓励孩子独立思考和自主决策，多方面提高子女的自主性和适应性，使孩子能够更好地面对未来的挑战。

第六，国际化视野。近现代名人名家通常都具有较高的国际化视野，他们会通过各种方式让孩子接触国际文化，提升他们的国际意识和跨文化交际能力。

在此基础上，近现代中国家庭教育的发展与嬗变具有令人瞩目的价值：首先是培养优秀人才。家庭教育是培养优秀人才的基础，通过科学合理的家庭教育，可以培养出具有独立思考、创新能力和社会责任感的青年一代。其次是促进社会和谐发展。家庭教育对于社会和谐发展具有重要作用，良好的家庭教育能够培养出有健康人格和积极向上的社会行为习惯的公民，为社会的进步贡献力量。再次是传承优秀文化。中国历史悠久的家庭教育传统具有深厚的文化内涵，通过传承和弘扬这些优秀的家庭教育文化，可以使家庭教育更加健康、科学、有效，为社会提供稳定的文化基础。

以此为背景,本套丛书以近现代时期名人大家的家庭教育思想与实践为切入点,通过挖掘他们人生历程、事业成就、亲子绵延与家庭教育之间的密切关系,展现两代人、几代人在家庭教育中薪火传递、生生不息的真实图景,进而从中国家庭教育嬗变状貌中了解传统家庭教育精华与西方教育精神交融的时代特征,为当下家庭教育提供可资借鉴的思想和案例,具有深刻的理论探索与实践价值。为此,我们推出了这套"名人家庭教育丛书"。

本丛书分六册,在写作上注重三点:第一,全部内容皆从此阶段本领域名人名家的真实案例出发,立足家庭教育视角展开。第二,既保持内容的相互连贯性、体例的统一性,又注重各个分册的独立性、独到性。第三,各分册由若干篇组成,每篇之下又有若干章,每章都包含几个层次:辉煌业绩与成就、成长历程及家庭背景以及家庭教育思想和实践经验等,以期给当下家长提供切实可行的家庭教育思想指导和行动点拨。

《中国近现代名人家庭教育启示录·教育家卷》,由上海财经大学教师、复旦大学博士汪堂峰撰写。全书以"自序:别人家的孩子 自己家的孩子"为开端,而后分三篇展开。第一篇"筚路蓝缕 以启山林",从"马相伯:中西结合成就'日月光华'人生""蔡元培:宋儒崇拜之谜"两部分沉稳展开。第二篇"玉汝于成 功不唐捐",包括"张伯苓:功名蹭蹬老风尘 读书有子不嫌贫""马君武:老农勤稼穑 向晚尚冬耕"两部分,写得深情款款。第三篇"布衣情愫 星河长明",则分别从"陶行知:生活即教育家庭即学校"和"章绳以:娜拉出走该这么办"落笔,既娓娓道来,又深邃绵邈。

《中国近现代名人家庭教育启示录.国学家卷》,由上海开放大学浦东分校张佳昊老师和上海开放大学人文学院杨敏教授联合撰写。本书以社会学视角下家庭教育的三个维度——时代维度、社会维度和人生维度为逻辑框架,紧密结合近现代的时代巨变、社会现状及大时代下纷繁多变的众生实景,通过选取一系列国学名家的人生实况,挖掘他们成功人生背后的家庭教育经验与思想。第一篇"时代机遇:西学东渐与使命创新",重在从"陈寅恪:海纳百川,有容乃大""陈垣:壁立千仞,勤学如斯""顾颉刚:融会贯通,治学有方""汤用彤:追踪时代,薪火相传"及"吴宓:精通西学,布道国学"五个案例着手,立足时代维度,清晰呈现近代西学东渐之后家庭教育面临的时代背景,国学家们所承担的、适应时代要求的家庭教育新使命,以及他们在家庭教育中具备的创新力、变革力与洞察力。正因如此,他们才能在面向复杂而充满不确定性的未来培养后代的时候,拥有清晰的理解和判断,明确的意识和能力。第二篇"社会场域:现实碰撞与行动引领",包括"赵元任:文理兼修,全人教育""黄侃:虔诚问学,家学之道""金克木:博学笃志,切问近思""梁启超:成在将来,不在当下"以及"章太炎:教书育人,太独必群"五个部分,是立足社会维度,呈现在近现代社会,国学家们作为子女融入社会的首席指导师,自身所具备的全面、客观、理性、科学的社会素养,以及他们在子女走向社会过程中的强力引导,包括清晰的意识、积极的情感和良好的策略。第三篇"人生长河：山山而川与迢迢其泽"，则是从"刘文典：魏晋风骨，师者异类""吕思勉：寓教于乐，发展天性""钱穆：家学渊源，创新传承""王国维：有我之境，无我之境"和"王力：事业家庭，兼爱兼成"五个案例着眼，立足人生维度，梳理阐述国学家们是如何把家庭当作子女人生旅行的起点和人生教育的第一课堂，为子女拥有完满人生做准备的。他们既要为子女独立人格和品格打基础，也为子女的人生发展作指引，让子女有能力走好人生路。

《中国近现代名人家庭教育启示录. 文学家卷》，由国家开放大学人文教学部副部长胡正伟副教授撰写。本书分四篇呈现近现代中国著名文学家的家庭教育方略。第一篇"谁痛苦，谁改变"，包括"鲁迅：记得当时年纪小""许地山：苦中作乐""王统照：外圆内方"和"梁实秋：人生如寄，多忧何为"，立足于德国心理学家海灵格"谁痛苦，谁就会改变"的教育思想，以四位文学家为案例阐述这样的家庭教育领悟：只有当一个人真正感到痛苦，不再愿意继续以当前的方式生活时，他才会寻求改变。第二篇"教育就像种子"，由"叶圣陶：希望他们胜似我""张恨水：甜蜜的负担""沈雁冰：与时代同行"以及"朱自清：宁廉洁正直以自清，佩弦以自急"组成，以联合国第七任秘书长、2001年诺贝尔和平奖获得者科菲·安南的"教育就像种子，耐心培育才能开花结果"这一理念为视角，展现四位文学家家庭教育的全面性和综合性——通过培养知识、思维方式、技能以及个人品格和价值观，为儿女的发展播下一颗颗强大的种子。第三篇"每个人身上都有太阳",则涵盖"林语堂:拒绝焦虑""成仿吾:有所不为,有所为""沈从文:只用无私和有爱回答世界"与"艾芜:像一条河一样"四部分,从苏格拉底的"每个人身上都有太阳,主要是让它如何发光"这一思想高度,呈现四位文学家是何发掘和发展孩子的天赋和才能,让孩子相信自己的潜力,并致力于不断提升自己,以达到更高成就和更大影响力的。第四篇"人间至味是清欢",由"老舍:最美不过烟火气""俞平伯:不必客气""巴金:隐没进芸芸众生"及"赵树理:愿你决心做一个劳动者"组成,站在画家米勒"家庭是我们自己的小天地,我们在这里制定自己的生活法则,在这里播种幸福的种子,灌溉快乐的秧苗,并将它们散布到世界的大园圃中"这一情感维度,同时结合宋代文学家苏轼"人间有味是清欢"的诗意人生追求,展现四位文学家是如何让孩子领悟人生的价值和意义不仅在于物质的追求和外在的成就,更在于内心的富足和平和的。

《中国近现代名人家庭教育启示录.科学家卷》,由上海开放大学文学教育系主任、复旦大学文学博士洪彦龙撰写。本书以"自序:'做而不述'的科学人"为开端,分四篇呈现近现代中国著名科学家的家庭教育之道。第一篇"数归其道",包括"陈建功:求学是为了我的国家,并非为我自己""熊庆来:救国育才的数学界'伯乐'""苏步青:为学应须毕生力,为民为党献余生"和"华罗庚:我们最好把自己的生命看作前人生命的延续",重点呈现四位科学家家庭教育中的道德教育与品格养成。第二篇"物穷其理",则通过"吴有训:与诺奖擦肩而过,为祖国奉献一生""严济慈:科'济'之光,'慈'训无双""童第周:中国人不比外国人笨""萨本栋:途遥路远研物理,厦府倾心苦坚持""杨振宁:横跨中西,今古传承"与"李政道:细推物理须行乐,何用浮名绊此身"六位科学家的个人成长和家庭教育实录,重点呈现他们对子女探索精神、科学之道以及研究能力的培养。第三篇"地藏其宝",涵盖"章鸿钊:藏山事业书千卷,望古情怀酒一卮""李四光:无愧大地光,油海千顷浪""竺可桢:收回中国天气预报'主权'""孙健初:风雨前行的阵阵驼铃"及"梁思成:宽严相济、博精结合"五位科学家的人生轨迹,重点呈现他们在科学领域、家庭教育中宁静致远、海纳百川的精神境界,与万化冥合的心灵领悟。第四篇"工善其事",则分别通过"侯德榜:只要努力,泥土里也能长出惊世的花""王淦昌:科学没有国界,但科学家有祖国""束星北:但愿中华民族振,敢辞羸病卧黄昏""钱学森:立星辰大海之志,创两弹一星之功"及"钱三强、何泽慧:科学伉俪的世纪之爱"的书写,重点呈他们的科学研究之道、家庭教育之道和子女培养之道。

《中国近现代名人家庭教育启示录·艺术家卷》,由中国福利会吕沁融副编审撰写。全书以"自序:艺术的力量"发端,以"结语:家庭与艺术,是追求真善美的道路"收尾,其间分三个篇章展现近现代中国著名艺术家的家庭教育之光。第一篇"新潮与旧地",从"旧地上的'家'""逐渐兴起的人文精神"和"自由生长的民间艺人"三个层面铺叙,侧重描述在中西文化交融下的艺术家们基于家庭的成长之路,通过一个个鲜活的从家庭出发走向广大世界的追梦故事,以历史视角勾画出一个大时代的艺术人文图景,从而展现出新思潮与旧土地激荡的背景下家庭教育对艺术家的影响与成就。涉及的艺术家有黎锦晖、查阜西、梅兰芳、尚小云、荀慧生、程砚秋、骆玉笙和华彦钧。第二篇"自我与家国",则从"重塑美学教育""彰显民族本色"及"打通中西壁垒"三个部分着笔,重点阐释艺术家的"家国情怀",揭示艺术家面对动荡年代的社会责任与家庭责任,在追求个人成就的同时,是如何取舍、如何抉择、如何披星戴月、承前启后而建立起影响近现代中国艺术发展丰碑的,凸显家庭教育是社会责任培养的第一站这一真谛,涉及的艺术家有李叔同、丰子恺、杨荫浏、黄自、戴爱莲、张充和、周小燕和管平湖。第三篇"艺术与无华",则分别以"血脉相连""启智开蒙"和"生命华章"为主题,重点揭示艺术家们在辉煌成就的背后,对人间冷暖的体悟和对真善美的追求,启发当代家庭教育如何汲取这一份能量,继续将平凡的人生谱写成新的华章。涉及的艺术家包括傅聪、贝聿铭、启功、萧友梅、林风眠、木心、朱光潜及贺绿汀。

《中国近现代名人家庭教育启示录.法学家卷》,由上海开放大学人文学院院长、张志京副教授和上海开放大学普陀分校王仁彧教授联合撰写。本书选取近现代中国12位著名法学家的成长历程和家庭教育状况为案例,分三个部分逐一展示他们带领子女奔向理想人生过程中的成就与经验。第一篇"教子行为先,身教胜言传",重点表达四位驰名中外的法学家在以身作则、身体力行方面给子女带来的重要影响,包括"梅汝璈:春风化雨,润物无声""彭真:温恭朝夕,念兹在兹""王世杰:拳拳之情,眷眷为怀"及"宋教仁:白眼观天下,丹心报国家"四个案例。第二篇"父母之爱子,为之计深远",则重点展开另外四位法学大家在教育子女过程中的高瞻远瞩、坚实铺垫给儿女带来的底蕴与机遇,包括"钱端升:人无信不立,事无信不成""沈钧儒:立志须存千载想,闲谈无过五分钟""吴经熊:猗猗季月,穆穆和春"及"谢觉哉:常求有利别人,不求有利自己"。第三篇"箕引裘随,自有后人"从世家发展与父子接力的角度展现了四位法学家在家庭教育方面的成功与效应,包括"王宠惠:守得安静,才有精进""董必武:所虑时光疾,常怀紧迫情""周鲠生:谁言寸草心,报得三春晖"及"曾炳钧:栉风沐雨,玉汝于成"。

处于历史与现实、传统与现代、本土性与世界性冲突与融合过程中的近现代名人大家,他们在家庭教育转型与更新中呈现的中西兼容的文化气质、家国一体的立世情操、薪火相传的生命精神,留下了许多家庭教育的成功范例,形成了精进笃行的优良家风,培养出大量紧缺人才。时至今日,他们虽然身影已远,但光影仍在,他们如同散落在广阔大地的蒲公英种子,在世界的不同角落开花结果,各自奉献独特的事业成就,安享平和温馨的日常生活,根深叶茂,生生不息。

"名人家庭教育丛书"编委会主任　王伯军

自序

近现代中国家庭教育出现了前所未有的巨变,这一巨变的发生有着较为复杂和多元的历史与社会背景。由于众多相关因素的刺激,凸显在中国家庭教育历史上。近代以来,在家庭场域之外发生的巨大社会变革,促使家庭教育不断调整,以适应新时代及未来世界的发展。

本书选取了十五位国学名人名家的家庭教育实景,以社会学视角下家庭教育的三个维度——时代维度、社会维度和人生维度为逻辑框架,紧密结合时代巨变、社会现状及大时代下纷繁多变的家庭实况,把家庭教育的巨变放在近现代中国社会转型的历史坐标图中,按照从微观视角出发最终抵达宏观考察的逻辑思路,探索这一阶段的社会变革与家庭教育变迁,勾画出政治、经济、文化、科学等因素对家庭教育的性质、目的、内容、结构以及模式的作用与影响,以及家庭教育朝着民主、平等、科学方向发展的时代镜像。同时也通过挖掘国学名人名家们成功人生背后的家庭教育思想和经验,为当下社会的家庭教育实践提供借鉴与指导。

家庭教育的时代维度,指的是家庭教育的时代特征。不同时代的家庭教育具有不同的历史背景,面临不同的时代命题;不同时代的父母需要承担的适应时代要求的家庭教育使命,具备的家庭教育创新力、变革力和洞察力等时代素养;在面向当下和未来培养儿女的过程中,具有的对时代的理解和判断,以及能够引导儿女的思想和能力。

家庭教育的社会维度,指的是家庭教育的社会特征。家庭教育总是在一定的社会场域中展开的,不同的社会场域对人的社会化水平要求不同,包括在社会化过程中需要的专业技能、同理心、共同体意识、沟通与协作能力等,这是一个社会人不可或缺的素养。家庭是人的始发港,社会则是人的纵横场。父母在教育儿女的过程中,必须具备清晰的社会意识、积极的社会情感和良好的社会技能,才能有效助推儿女顺利融入社会。

家庭教育的人生维度,指的是站在人生长河的高度,把家庭当作人生旅程起点,教给儿女人生智慧的教育理念。父母传递给儿女的不是物质财富、身份地位,而是关涉理想目标、事业选择、生活能力、生活精神等的哲思与教育,所谓授之以渔,而非授之以鱼;是让儿女具备过好一辈子生活的品格、能力、眼界和精神,并能以自身的人生素养深刻影响儿女的人生态度、人生境界与人生追求。

本书的第一篇"时代机遇:西学东渐与使命创新",立足家庭教育的时代维度,重在从陈寅恪、陈垣、顾颉刚、汤用彤及吴宓的五个家庭教育案例着手,呈现近代西学东渐之后家庭教育面临的时代背景和国学家们在此背景下承担的家庭教育新使命,以及他们在家庭教育中呈现的创新力、变革力与洞察力,对时代和未来的清晰理解和判断,对子女教育的超前意识和能力。

每一个不断走向高处、兼容并包以致有所成就的人,都源于从生命初期开始的、一次次与时代息息相关的"揿动按钮"事件。父母揿动了儿女人生起步或腾挪的按钮,帮助儿女进入了他们自己的人生车道。而儿女们对那些具有时代意义的事件所作出的回应,就像一次次冲击波,推着他们逐渐上升。实际上,这是一种人与历史、人与人之间的精神回声、灵魂响应。

本书的第二篇"社会场域:现实碰撞与行动引领",立足家庭教育的社会维度,选择赵元任、黄侃、金克木、梁启超以及章太炎的五个家庭教育案例,呈现国学家们在引领儿女融入新时代过程中自身笃厚的社会素养,其清晰的意识、积极的情感和良好的策略,都顺应了时代新趋势。

中国家庭教育中"诗书传家远,耕读继世长"的传统,在许多家庭代代相传,成为一种家族繁衍与发展生生不息的精神财富。它和"苟日新、日日新"的新时代教育理念相互融通,成为父母教育儿女的一路驼铃。从这样家庭走出的人,总是充满信念,矢志不移,代代相接形成家族绵延发展的空间体系。父母和儿女在这个空间体系中构筑着家族精神的栖居之所,在年年岁岁的时间长河里凝聚成柔韧有度的家族传承。

本书的第三篇"人生长河:山山而川与迢迢其泽",立足家庭教育的人生维度,从刘文典、吕思勉、钱穆、王国维和王力的五个家庭教育案例着眼,梳理国学家们是如何把家庭当作儿女人生旅行的起点和人生教育的第一课堂的;他们为儿女拥有完满人生做各种准备,既有独立人格和处世精神的学习与铺垫,也有生存技能与人生规划的积累与践行,促使儿女拥有正确的人生观、乐观的人生态度及开放的人生智慧,有足够的能力和思想走好人生路。

人生只有一次,对着这趟有来无回的旅程,人该怎样度过自己的一生?古罗马哲学家保罗说:"人生就像一本书,傻瓜们走马看花似地随手翻阅它,聪明的人用心地阅读它,因为他知道这本书只能读一次。"中国古代最著名的人生智慧之一,就是"山山而川"和"迢迢其泽",它告诉人们山后还有山,山间有小河,百步九折,人的一生就是这样行走在苍天和大地之间,有劳作的艰辛,也有诗意的栖居,一路蜿蜒。

云山苍苍,江水泱泱,先生之风,山高水长!

回望近现代中国国学家的家庭教育思想与实践,更觉中国家庭教育薪火相传的悠远绵长,创新与嬗变的烛照之光——以文化润泽心灵,以爱践行初心,直至今日,生生不息,熠熠生辉。

张佳昊完成了全书的初稿撰写,杨敏负责全书的框架拟定、目录确立与观点升华等工作,本书是两位作者精诚合作的成果。

张佳昊　杨敏

目录

总序 — 001

自序 — 001

第一篇
时代机遇：西学东渐与使命创新

第一章　陈寅恪　海纳百川，有容乃大　— 003
　　　　近三百年来一人而已　— 003
　　　　独立之精神，自由之思想　— 005
　　　　中西结合，不忘初心　— 006
　　　　遍历坎坷，笔耕不辍　— 007
　　　　海纳百川与以身作则：陈家教育之道　— 008

第二章　陈垣　壁立千仞，勤学如斯　— 013
　　　　被毛泽东誉为"国宝"的人　— 013
　　　　广学博取，自学成才　— 014
　　　　创新理念，严禁体罚　— 016

大时代与小家庭：开卷有益与人格启发 — 019

鼓励式教学：引导和激励 — 021

第三章 顾颉刚　融会贯通，治学有方 — 023

恨不能读尽天下图书 — 023

人生第一课：祖母陪伴的童年 — 024

博览群书与系统思考 — 025

阅读之道：学而不思则罔 — 027

第四章 汤用彤　追踪时代，薪火相传 — 031

汤氏家族的家风传承 — 031

"事不避难"与"义不逃责" — 033

"素位而行"与"随适而安" — 034

使命担当：风雨中的家国情怀 — 035

第五章 吴宓　精通西学，布道国学 — 038

中国比较文学之父的成长路 — 038

"博雅"教育的倡导者 — 042

家庭教育中的乐于助人 — 044

家庭中的文化自信与人格养成 — 045

第二篇

社会场域：现实碰撞与行动引领

第一章　赵元任　文理兼修，全人教育 — 051
　　　　领先于时代的复合型人才 — 051
　　　　科学人文，融贯一体 — 052
　　　　伉俪情深，相互成就 — 055
　　　　和睦自由的家庭氛围 — 056

第二章　黄侃　虔诚问学，家学之道 — 059
　　　　家学深厚与留学日本 — 059
　　　　人间岁月与猖狂性格 — 060
　　　　血脉延续与家学传承 — 062
　　　　"博而能约"的读书原则 — 064

第三章　金克木　博学笃志，切问近思 — 066
　　　　自称"杂家"，实为"通人" — 066
　　　　"无界"之道与大器自成 — 067
　　　　博学而笃志，切问而近思 — 071
　　　　通才教育与不设限的人生 — 072
　　　　注重孩子的乐观心态 — 073

第四章	梁启超　成在将来，不在当下	— 075
	中国家教第一人	— 075
	为"强国之梦"竭力呐喊	— 076
	做人比做学问更重要	— 077
	趣味是人生的原动力	— 077
	父母是孩子最好的老师	— 079
第五章	章太炎　教书育人，太独必群	— 082
	幻想破碎，教书育人	— 082
	大独必群，真正的隐士必然积极入世	— 086
	常识教育与个性发展	— 090
	自我的坚忍不拔与对他人的人格影响	— 093

— 第三篇 —

人生长河：山山而川与迢迢其泽

第一章	刘文典　魏晋风骨，师者异类	— 097
	校勘大师，拜师儿时	— 097
	民国"狂人"，卓尔不群	— 098
	治学理念之"慎"与"勤"	— 100
	家庭教育，起于细微	— 101

第二章	吕思勉　寓教于乐，发展天性	— 105
	广涉国学，终成一家	— 105
	童年启蒙与毕生成长	— 106
	尊重孩子个性与自我价值实现	— 111
	公民教育是新内涵	— 113
第三章	钱穆　家学渊源，创新传承	— 114
	中学辍学，自学成人	— 114
	深怀温情与敬意，未尝敢一日废学	— 115
	世代书香与钱氏家训	— 118
	饱读诗书与人格及能力培养	— 119
第四章	王国维　有我之境，无我之境	— 121
	弃绝科举，终成世界学人	— 121
	求学之路与独立自由的家庭教育	— 122
	学习没有新旧与中西之分	— 124
	"四育"相契，知、情、意统一	— 125
第五章	王力　事业家庭，兼爱兼成	— 129
	留学法国与学术辉煌	— 129
	中西贯通之后的学术创新	— 131
	帮助孩子成为他自己	— 133
后记		— 136

第一篇

时代机遇:西学东渐与使命创新

道德教育成功的"秘诀"在于,当一个人还在少年时代的时候,就应该在宏伟的社会生活背景上给他展示整个世界个人生活的前景。

——瓦西里·亚历山德罗维奇·苏霍姆林斯基

本篇立足家庭教育的时代维度,重在从"陈寅恪:海纳百川,有容乃大""陈垣:壁立千仞,勤学如斯""顾颉刚:融会贯通,治学有方""汤用彤:追踪时代,薪火相传"及"吴宓:精通西学,布道国学"五个案例着手,清晰呈现近现代西学东渐之后家庭教育面临的时代背景,在此背景下国学家们所承担的家庭教育新使命,以及他们在家庭教育中具备的创新力、变革力与洞察力。正因如此,他们才能在面向复杂而充满不确定性的未来而培养后代时,能够拥有清晰的时代理解和判断,具备明确的引导子女适应未来的意识和能力。

第一章

陈寅恪 ▶ 海纳百川，有容乃大

近三百年来一人而已

陈寅恪(1890—1969)，字鹤寿，江西义宁(今修水)人，中国历史学家。他与叶企孙、潘光旦、梅贻琦同被列为清华"四大哲人"，又与吕思勉、陈垣、钱穆并称为"史学四大家"。著名史学家傅斯年对其博闻强识的评价为"近三百年来一人而已"。

陈寅恪是客家人，在客家语里"恪"念作"què"，久而久之，他便不再纠正自己名字的念法。陈家三世有声于时，祖父陈宝箴曾是湖南巡抚，也是当时唯一积极响应戊戌变法的地方巡抚；父亲陈三立进士出身，也是维新人士；哥哥陈衡恪与鲁迅是同学。生于这样的家庭中，陈寅恪6岁就在南京家塾读书，从小能背诵"十三经"。12岁起与兄长前往日本留学，后来又先后在伦敦大学、剑桥大学、牛津大学、柏林大学游学，掌握数十门语言。

1925年回国后,陈寅恪在吴宓大力推荐下来到清华国学研究院,开始专攻佛学与边疆史。他的课上不止有慕名而来的学生,还有吴宓、朱自清等老师来旁听,陈寅恪也因此被称为"教授的教授"。1929年国学研究院停办后,陈寅恪的研究扩大至整个古代史,尤其以魏晋南北朝与隋唐史研究为中心。

在西方历史语言学影响下,陈寅恪开拓了晚清以来的传统考据学,创造了"诗史互证"法。而他对魏晋南北朝历史的研究,为这一领域定下了根本的方法与基调。陈寅恪提出了"政治集团说",通过勾勒政治群体的关联,描画出清晰的历史线索。时至今日,后世学者们仍然在沿着陈寅恪开辟的道路前行。

陈寅恪一生笔耕不辍。抗日战争时期,他几乎不靠参考,凭借记忆完成了《隋唐制度渊源略论稿》和《唐代政治史述论稿》。晚年双目彻底失明后,他还在助手黄萱的帮助下将上述两本专著及《元白诗笺证稿》以外的旧文,汇编成《寒柳堂集》《金明馆丛稿》;在75岁高龄,他还写完了80万字的《柳如是别传》,这部作品是新考据学的典范之作,也是陈寅恪毕生所学的最后结晶。

陈寅恪代表了那一代学者的巅峰——不论是人格上,还是学问上。陈家"读书先正志"的家风影响了陈寅恪,他一生笃信之、践行之,而这种严格的自我要求,也在一言一行中渗透给了他的三个女儿。

独立之精神，自由之思想

陈寅恪开蒙极早，6岁就熟读"十三经"。生于晚清，他自然受到乾嘉学派的影响。清代学者重视考据辨经，陈寅恪虽然吸收了他们的看家本领，却志不在经学。1902年，13岁的陈寅恪跟随长兄到日本东京弘文学院读书，他起初志在理科，想学物理、数学。但最后还是决定读史——中国人的历史，终究需要中国人自己来做。

陈寅恪游学世界名校，却连学士学位都没有，是大家口里"不要博士帽"的怪人。游学多年，他广泛学习梵语、巴利文、突厥文、波斯语、西夏文……他说："考博士并不难，但两三年内被一个专题束缚住，就没有时间学其他知识了。"这也是陈寅恪学识广博的原因：他能运用二十几种方言、外文研究史料，这种超人的语言能力，令季羡林由衷感慨："先生的治学之广是非常令人惊叹的。"

1925年，在胡适推动下清华设立了国学研究院，王国维是第一个来的老师，陈寅恪是最后一个。当时，陈寅恪被称为"教授的教授"。他的课吴宓每节必去，冯友兰、朱自清等也会去旁听。年幼的女儿也对他上课的方式印象极深。"讲佛经、禅宗时一定用黄布包参考书，讲其他课程就用黑布。"而且总是固执地自己抱着书。他的课，哪怕是同样的主题也值得反复听。因为陈寅恪对自己有个"四不讲"的要求,他曾说过:"前人讲过的,我不讲;近人讲过的,我不讲;外国人讲过的,我不讲;我自己过去讲过的,也不讲。现在只讲未曾有人讲过的。"

由于王国维、梁启超二人早逝,清华国学研究院难以为继,于1929年正式停办,一个极有风格的国学研究所就这样落下帷幕。王国维死后,陈寅恪在私谊之外,更有深切的知己之悲:"许我忘年为气类,北海今知有刘备""敢将私谊哭斯人,文化神州丧一身"。

王国维沉湖两年之际,清华大学为他树了纪念碑,背面的碑文由陈寅恪撰写。陈寅恪写下了那句后来也被刻在他自己墓碑之上的箴言:"惟此独立之精神,自由之思想,历千万祀,与天壤而同久,共三光而永光。"

"独立之精神,自由之思想"不仅是陈寅恪的自我要求,也是他的教育理念。他要求学生们看原著,从具体史实中推演出自己的结论,养成自由思考、独立批判的能力。这也是他对女儿的期盼。"读书当先正志"的家训始终熠熠生辉,不管学什么,都必须保持思想的自由。

中西结合,不忘初心

对"独立"的要求,也扩大至陈寅恪对中国学术的忧虑。1931年,适逢清华大学建校二十周年,陈寅恪感到中国学术仍然未能独立,不管自然科学、西洋学术还是本国文史之学,莫不"乞灵于外人之调查统计"。新文学运动如火如荼之际,陈寅恪却深深担忧于"不求通解及剖析吾民族所承受文化之内容"。正是在这一想法的推动下,他与王国维、陈垣等人开创了"新考据学",试图融汇中国传统考据学与西方的科学学术方法。

清华国学研究院的落幕,意味着在新旧、中西的交锋中,"传统"退居二线。陈寅恪的忧虑看似略显"不合时宜",但在今天来看,却不能不说是可贵的"固执"。他的"爱国"并非爱一党或一派,而是对民族之文化与传统怀有深切的责任感。在教育女儿时,他也将"学术之独立""民族之独立"与"人格之独立"渗入言行之中。对陈家的几个孩子而言,陈寅恪不止是父亲,也是真正意义上知行合一的老师。

"国可以亡,史不可以断",这是陈寅恪一生的信念。不论时代如何变化,他始终要求史学研究的纯粹性、严谨性、科学性,也要求自己做一个纯粹、严谨而科学的人。"我认为研究学术,特别是研究史学的人,最主要的是具有自由的意志和独立的精神。"

遍历坎坷,笔耕不辍

1937年七七事变后,陈寅恪的父亲陈三立忧愤交加,撒手人寰。为了不在敌占区当亡国奴,陈寅恪与当时大多数知识分子一样,踏上了南迁的流徙之路。为父治丧期间,他的右眼开始病变,视网膜脱落。然而北平情势危急,陈寅恪只得咬牙放弃手术,任右眼从此失明。此后他惊人的学术成果,竟全靠一只左眼完成。

逃难时,陈寅恪最重视的是书籍,没想到20余年的研究成果在转运途中全部被盗贼调包。但他没有一蹶不振,而是在病中口述、托人借书,继续著述。《隋唐制度渊源略论稿》与《唐代政治史述论稿》均是凭回忆在流徙中写成。这一时期他的成就令牛津大学侧目,被邀请去牛津任教。

1944年冬天,陈寅恪的左眼也失去了光明。女儿们成了他生活中为数不多的慰藉。短暂的失意后,陈寅恪开始练习在失明的情况下工作。两年后,他重新站上了讲台,对研究生的学业和论文撰写,仍旧亲自指导、严格要求,从不假借助手。夫人唐篔成了他的眼睛,为他记录书信、诗作。长女陈流求在回忆录里说:"双亲没有心灰意冷,面对现实,想方设法做到瞽而不废。"

海纳百川与以身作则:陈家教育之道

修身读书两手抓

如果没有健全的人格,读书再多也是失败的。在家庭启蒙教育中,要格外注意"立身须正",陈家就做到了"修身读书两手抓"。祖父陈宝箴曾在陈寅恪兄长陈隆恪的扇面上题写:"读书当先正志……虽未遽是圣贤,亦不失为坦荡之君子矣……"这段话成为陈家兄弟的人生准则。陈寅恪一生言行一致,做到了言传身教。

1938年,陈家从北平流亡至香港。乱世之中父母的为人处世,深深印刻在三个女儿心中。九龙被轰炸后,香港也几近沦陷。日军看中了陈家所住楼房,陈寅恪不顾个人安危,出面与日军交涉要求缓迁几日。随后,陈寅恪一家又迁至桂林,住在雁山上。陈流求始终记得,父亲终日伏案,笔耕不辍。可是那"案"只是个大箱子,陈寅恪就坐在小板凳上,"他的白布内衣小褂被汗水浸透贴在背上,好像全无知觉"。

《解放日报》采访陈流求时,曾问她陈寅恪身上什么精神最值得后世学习,陈流求回答说:"第一,信念坚忍执著;第二,治学严谨创新;第三,'未尝侮食自矜,曲学阿世。'"最后一句出自《赠蒋秉南序》,那时陈寅恪已步入末年,昔日学生纷纷离散,从前的学生蒋天枢前来探望他。陈寅恪感到莫大的慰藉,将自己最后的心念写进了这篇送给蒋天枢的文章中:我一生未曾曲意逢迎,一生问心无愧。

陈寅恪深知,如果长辈都做不到勤于新知,做不到坚持不懈,那凭什么督促孩子呢?在孩子心中又有多少说服力呢?尤其是在"立身正"一事上,很多时候仅仅让孩子明理是不够的,而能促进他们付诸行动的最好方式,就是从自身做起,真正起到带头作用。

尊重孩子的自由选择

无论是高中分文理,还是大学选专业,家长都应该暂时放下自己的种种设想,充分尊重孩子的意愿。陈家三姐妹,长女流求习医,次女小彭习生物,三女美延习化学。女儿们都没有继承陈寅恪的衣钵。

"他不干涉我们学什么。"陈流求回忆道。甚至,陈寅恪会玩笑一般地说,如果想要学史,那么要比他学得好。或许是因为陈寅恪学识实在深厚,直至晚年,也无人能继承陈寅恪的衣钵。但即便如此,他还是没有逼迫任何人——包括自己的孩子学语言、入史家。

他对孩子们唯一的要求是"数学好"。也许与他最初的志愿有关,陈寅恪向来注意孩子的数学成绩,陈流求在南京金陵女子附中毕业后,赶回北平考国立大学。流求一到家就收到父亲的关心:你的功课准备得如何?想考入清华大学理科,数学成绩一定要好。

尽管三姐妹都没有从事人文研究,但陈寅恪审慎的工作方式仍旧对她们影响深远。陈流求说,作为一名医生,她时常告诉自己要对每位病人负责,"不严谨是万万不行的"。教育并不是要让孩子亦步亦趋,按照家长的规划稳步向前,而是要鼓励他们探索兴趣,进行自主选择。陈家三姐妹之所以能在医学、理学领域大放异彩,正是因为陈寅恪充分尊重了她们的意愿,没有因自己对史学的热爱而横加干涉。

重视全面教育,而不只是成绩

在应试教育的背景下,我们要抵御住高分的诱惑,将目光放到学习的实质上。"重知识不重文凭"的思想,也延续到陈寅恪对女儿的教育中。抗战前一家人住在清华园工字厅,孩子则进入诚志小学念书。秉持自己求学不求学位证的态度,陈寅恪不希望孩子过分注重成绩。陈流求曾经拿过第一名,暗自期待得到父母的奖励。陈寅恪却只说:"你是不是比班上不少同学年龄大一点,自然应该考得好些,有什么值得骄傲呢?"从此家里孩子便不甚在意分数高低,考试从未感到压力。

在清华任教时,尽管公务繁忙,陈寅恪仍会尽可能抽时间陪伴女儿。他空闲时会教孩子们背诗,从"松下问童子"到《长恨歌》《琵琶行》。流求与小彭直至中年,都依然能清晰背诵。工余时他还会带女儿们去圆明园废墟,描绘曾经树立于此的宫殿花园,直至英法联军用滔天大火将之焚毁殆尽。以失地为名的姐妹[①],从小就对国难之痛深有感触。

对陈寅恪来说,这些启蒙远比成绩本身重要。陈家自始至终都没有停留在培养"读书人"的层面,而是希望培养一个真正人格健全的"全人"。正如蔡元培所主张的"全面教育":教育,养成人格之事业也。我们常常惊叹于近现代许多大师都来自优秀的家庭,接着又培养出了优秀的子女。实际上,

---

① 陈流求,出生那年是台湾被日本依据《马关条约》侵占的第三十年。 古文中记载,台湾别名"流求"。 陈小彭,出生那年发生九一八事变,以澎湖列岛为名,记录这段历史。

"优秀"的前提正在于不局限于成绩,而是能看到成绩背后的学养、能力、人格。

　　陈寅恪在恪守祖父陈宝箴留下的祖训同时,也通过言传身教将同样的品质传递给了子女。这种延续,远比"子承父业"的表面传承更为重要。只有以身作则的家庭教育才能在最大限度尊重子女爱好的同时,用更深层的精神感染下一代——也正是这种对"独立之精神、自由之思想"的坚持,成了陈家永远的财富。

第二章

陈垣 ▶ 壁立千仞，勤学如斯

被毛泽东誉为"国宝"的人

陈垣(1880—1971)，字援庵，又字圆庵，出生于广东新会(今江门市新会区)，中国历史学家，与陈寅恪、吕思勉、钱穆并称为"史学四大家"。陈家是药商之家，陈垣6岁时随父移居广州，入读私塾，接受传统教育。13岁时，读完《书目答问》，学会了根据目寻求索自己需要之书，此后遍读群书。1898年，他担任蒙学教师。1901年，陈垣考中秀才，但后来参加乡试时屡次受挫，从此便放弃了科举之路。陈垣的父亲于1906年患上了膀胱结石病，经西医治疗后最终痊愈，这事件促使陈垣决定学习西医。1910年，陈垣从光华医学院毕业，并留校任教。他常在课余时间免费为百姓治病，并发表了大量的医学研究论文，致力于振兴中国的医学事业。与此同时，他加入了中国同盟会，并创办革命报刊，发表了一系列反清反帝的民主革命文章，积极投身于政治运动。1912年，中华民国临时政府成立，陈垣当选众议院议员，从此弃医从政，并定居北京。但很快他便发觉当时政府的腐败和黑暗，对军阀混战的现状极度失望，转而投身于史学研究与教育。

陈垣在中国宗教史、元史、中西交通史及历史文献学等领域都做出了开创性的贡献，主要著作有《元西域人华化考》《史讳举例》《释氏疑年录》《陈垣史源学杂文》《元典章校补》等。陈垣曾任北京大学、北平师范大学、辅仁大学教授，并于1926年出任辅仁大学校长。1952年，辅仁大学并入北京师范大学后，任北京师范大学校长。陈垣在其几十年教学生涯中为国家培养了众多杰出人才，他的学生遍布全国。他也是一位炙热的爱国者，以自己特有的方式将抗战精神融入撰写著作、授课和管理学校的过程中，影响了众多学子及学者。陈垣的学术成就、教育理念和爱国情怀是极其宝贵的精神遗产，值得世代传承。毛泽东同志在怀仁堂举行国宴时，与陈垣同席。毛泽东向宾客介绍说："这是陈垣，读书很多，是我们国家的国宝。"

广学博取，自学成才

中国近代学术史领域涌现了大量杰出学者，然而陈垣却显得与众不同。他没有受过著名导师的指导和教诲,也没有留洋经历。他的成就主要来源于他对求知的坚持和对知识的热爱。

少年时代的陈垣就表现出了对读书的极高悟性。13岁时,陈垣研读了《书目答问》。书中列举了许多书名,并附上了标注,例如这书有多少卷,是谁所作,什么刻本好。陈垣读完后立马摸到了读书的门路,此后便按目录买来自己感兴趣的书籍进行阅读。在教书生涯中,陈垣也十分强调目录学的用处。陈垣认为,目录学一可以帮助学者快速了解已有的典籍,从而形成系统的知识体系;二可以帮助学者了解新书的出版情况以及学术界的新趋势,扩大视野;此外,还能为人们选书、读书和采取何种阅读方式等提供指导。陈垣15岁时,遇上了广州大疫,学馆解散,这段时间陈垣不用学习八股文,便把所有时间都用来阅读自己感兴趣的书籍。3年内,陈垣泛览群书,对读书之道也有了进一步的感悟。在读书上,陈垣有个"三分法",即根据书的内容和用途,把书分成:一般浏览、仔细浏览和熟读记诵三大类,并按需投入相应的时间和精力阅读书籍,而不是一刀切的平均分配。陈垣强调,有的书可以不求甚解,而有的书则需要深入细致,专门通读。这种阅读方法极大地提高了陈垣读书的效率,也为陈垣此后进行史学研究打下了基础。

与此同时,陈垣还有着极高的写作天赋。15岁随父迁居广州后,他就开始向报社投稿。18岁时,陈垣入京应试,但因为八股文把握得不好而落榜。后经一位老翰林指点后,他回到广州开始用心学八股。他把光绪二十三年(1897)以前十科乡试、会试中式的试卷买来全读了一遍,"取其学有根柢,与己性相近者",反复筛选,"得文百篇,以为模范。揣摩其法度格调,间日试作,佐以平日之书卷议论,年余而技粗成"。虽然此后清政府对科举制度进行改革,不再考察八股文,但潜心学习八股文的这段经历,也让陈垣对写作有了新的感悟,例如应该如何准备扎实的材料,如何讲究立意、布局、结构、层次,如何提出论点和展开论证,如何遣词用字等。因此,陈垣的文章在条理清晰的同时,也具有较强的感染力。

创新理念,严禁体罚

陈垣从18岁起就开始从事教学工作,先后在蒙馆、幼儿园、小学、中学和大学担任教师,从教70余年,一直坚守三尺讲台。陈垣自幼接受旧式传统教育,切身体验过旧式学堂,对体罚的规矩异常反感。当他在蒙馆第一次登上讲台时,就立下规矩:不对学生进行任何体罚。此言一出,语惊四方,也受到了学生家长的热烈欢迎。8年后,陈垣成为篁村小学的一名教师,负责国文、算学、博物、体操以及歌唱等课程的教学工作。年轻的陈垣在讲授课本知识外的课余时间,常带着学生去远足、采集标本;他也不穿传统长褂,而是身穿"操衣"(即制服),显得十分精神,深受学生们的喜爱。

1908年,因为相信唯有科学发达方能使中国摆脱落后,陈垣与朋友创办了广州光华医学专门学校。学校名取自"光我华夏"的寓意,是中国第一所私立西医高等教育学校。陈垣不仅是光华的创办者之一,还是第一届毕业生。而立之年的陈垣从光华高等医学校毕业,并留任助教一职。在此期间,陈垣的教学方法充满创造力和实践性,通常采用直观教学法,以捕捉学生对知识的兴趣。在缺乏现代化教学设备和工具的情况下,他寻找了各种创新方式,以便让学生掌握相关知识。有一次,在没有解剖课器具的情况下,陈垣便带着他的学生去郊外乱坟堆收集零散骨骼,用它们作为解剖教具。他还经常手工临摹图像或模型,以取代缺失的图表和物品。这种与众不同的教学方式不仅体现了陈垣的专业精神和创造力,也深受学生们的喜爱。此外,陈垣还心系社会现状,在没有足够社会资源和政府支持的情况下,他毅然决定创立专门为穷苦子弟服务的学校。而这些学校也以管理纪律严、学生功课好而闻名北京。

1926年,辅仁大学原创始人英敛之在临终前将大学托付于陈垣。从此,辅仁大学进入了"陈垣时代",并由此迎来了辉煌期。当时,传统国学逐渐式微,"全盘西化"浪潮正在蔓延,年轻人以学习经济、外语、技术为荣,而对于中华文化则显得漠不关心。在此背景下,陈垣深感忧虑,因为一个民族的消亡正是从自己文化的消亡开始的。因此,他开始在辅仁大学实施"教育救国"计划。陈垣认为,辅仁大学的学生应该立足于中国文化方面,深刻了解自己的文化根源;同时还应纯熟掌握汉字的书写技能。他强调道,"有志之青年,决不可轻弃华文,不然,数典忘祖,将不知为何种族类"。陈垣希望辅仁大学的学生,不仅在学术领域掌握精湛的技能,同时也能够尊重并深入了解自己民族的文化和传统,在有坚定的文化自信的同时,掌握先进的学术技能。

开设国文课程是陈垣在辅仁大学中播下的第一颗教育救国"种子"。他亲自主持国文课程并选用学有深厚文化功底的教师,如余逊、柴德赓、周祖谟、启功等进行授课。陈垣认为,国文教育能够给予青年学生更深入的认识和洞察力,帮助他们识别中西文化之间的精华和糟粕。同时,他也意识到当时的汉学研究外胜于内的尴尬现实,并强调要重振汉学中心,将研究重心从海外带回中国。除了重视中华文化和国文教育之外,陈垣也同样注重推行西学和中西结合的教育模式,他聘请了一大批外籍教师,为学生提供更加综合和多元的教育内容和环境。

陈垣在担任辅仁大学校长期间尤其注重教学和师资。他注重教学细节,如上课板书不能写太低,否则后排的同学可能看不见。此外,不论工作如何繁忙,他都坚持亲自授课,专注于自己的教学工作。他所传授的知识深入浅出,让学生们能够轻松理解,同时也能够在实践中得到巩固。其谦虚和认真的态度赢得了广泛的尊重和赞誉,成为无数学生和同行心目中的榜样。而在选聘教师时,陈垣也非常开明,不持门户之见,主张重才而非出身或背景,对自学成才的人也同样欣赏。启功"三出两进"辅仁的故事也为人熟知。在辅仁大学与北京师范大学合并后,陈垣继续担任校长,致力于培养一批批具有现代化建设能力的人才,为国家的发展做出了杰出贡献。

大时代与小家庭:开卷有益与人格启发

手不释卷,时时记录

陈垣坚信"开卷有益",认为阅读是扩展知识、提高个人修养的最好途径。他自己便是几十年如一日地泡在书海中,手不释卷。他曾说:"我是脑力劳动者,除几部破书外,毫无积蓄。吾未尝一日废书,书案堆书如山,竟至不能伸纸写信。"即使到了69岁,陈垣还觉得自己所见所知太少,继续阅读古籍。此外,他也要求子女和学生像他一样,培养良好的阅读习惯,重视阅读的价值和意义。陈垣认为,虽然他人可以向我们提供各种读书的经验和指引,但是自己必须亲身去探索,亲自去实践,才能真正理解和掌握知识。因此在家庭教育中,父母也应该注重引导孩子多看书,在切身体验中总结出适合自己的读书门道。而且别人的旧有经验也并不一定适用于现在,它只是一个参考而已,更关键的还是自己的刻苦和努力。同时,父母还应该引导孩子在读书过程中,多动脑、动手、动笔,鼓励孩子记录下读书过程中的心得体会和查找到的资料,并对所学内容进行全面深入的思考和探讨,帮助记忆和积累学问。

此外,读书时还应该对读书笔记和心得进行整理和分类。通过将零散的心得和感想联系起来,可以逐渐形成一个对某一问题较为系统、完整的看法,进而提高对某一领域的认知水平,也便于在需要使用时迅速找到相关资料,提高效率。陈垣认为,人必须保持不断地进取和探索精神,不断提升知识水平和学术素养;其知识水平需要与时俱进,随着时代和科技的变化而不断调整和提高,否则就会被时代淘汰,失去竞争力和发展机会。在今天的信息社会,阅读素养已经成为人类探索未来和实现智能及个人成长的基本要素之一。父母作为孩子最亲密的伙伴和启蒙老师,起到了极关键的作用,需要引导孩子们形成良好的阅读习惯,树立终身学习的理念。

让历史通向现实

陈垣强调"有意义之史学",即历史学应该可以直接参考和指导实际生活,具有现实指向,并能够推动民族文化的传承和发展。在家庭教育中,家长应引导孩子积极学习历史,让孩子从历史中汲取智慧,找到价值和信念,感受历史对现实生活的指导和启迪,将史学视角作为一种生活方式和精神追求。

父母可以通过电影、文物等多种媒介,向孩子们介绍人类历史和文化的发展过程,让他们了解历史不仅是过去的遗产,也是推动现代人类进步的源泉。同时,也可以给孩子们讲述历史事件和历史人物,启发孩子们思考人生和道路的多样性。

家长还可以带孩子去参观博物馆、纪念馆、历史遗址等,使孩子们亲身体验历史的厚重感。在参观过程中,父母可以逐步引导孩子们思考当前的问题发展现象与历史联系,从而促进孩子们正视新世界的问题或挑战。父母还可以鼓励孩子们分享自己所知道的历史常识和事件,并与孩子们讨论历史中的教训和启示,从而引导他们明确历史的价值观。总之,父母在家庭教育中,应该注重历史意识的培养,将历史变成实现人生意义的一道桥梁。通过引导孩子理解历史、从中汲取知识价值来指引他们不断向前发展,以史为鉴并追寻未来的梦想。

鼓励式教学:引导和激励

作为一名教育者,陈垣在长达 70 余年的教学生涯中,十分重视对学生的引导和激励。鼓励是一种非常强有力的情感,能够传递出希望和信心,同时激发人们的内在动力、自尊和自我价值。在家庭教育中,父母实施鼓励教学,有助于释放孩子更大的潜能。每个孩子都有自己的优点和特长,父母应该尽可能去理解和欣赏他们的不同之处。当孩子取得一些成绩时,父母也应该及时给予肯定和赞扬,让孩子知道自己所做的有价值并且得到认可。父母在跟孩子沟通时,应该注意用积极向上的语言鼓励孩子,避免使用贬低性语言,批评或指责孩子。同时,还要注重行为与言语的协调,通过虚心倾听以及相关身体语言来传递积极的信息。当孩子面临困难时,家长应该着眼于孩子的具体需求,给出合适的建议和解决思路,一起讨论解决问题的方法。在帮助孩子的过程中,家长也可以通过肯定孩子的进步来增强孩子自我肯定感。总之,实施鼓励教学需要父母在日常生活中用积极的语言,欣赏孩子的优点,帮助孩子解决问题,动态且有效地指导孩子树立具有挑战性的目标。家长应该根据孩子的兴趣特点和需要,结合实际情况,灵活运用以上方法不断激发孩子的内在动力,提高他们的自尊心和自信心,让孩子在健康、快乐、和谐的家庭氛围中茁壮成长。

第三章

顾颉刚 ▶ 融会贯通，治学有方

恨不能读尽天下图书

顾颉刚(1893—1980)，字铭坚，江苏苏州人，中国历史学家、历史地理学家，也是古史辨学派的创始人。顾家是书香门第，曾被康熙赐为"江南第一读书人家"。顾颉刚从小就研读经书，4岁便进入私塾，后来考入北京大学专修哲学。毕业后他留校担任助教一职，此后曾任中山大学、燕京大学、复旦大学等高校教授。1949年后，顾颉刚任中国科学院古代史研究所研究员、中国民间文艺研究会副主席、全国政协委员、全国人大代表。1980年，顾颉刚突发脑溢血，于北京逝世。

顾颉刚一生著述颇丰，以《古史辨》为其代表著作。在《古史辨》中，顾颉刚以严谨的治学精神和疑古辨伪的态度，大胆地对《周易》《诗经》《尚书》《史记》等史料记载的部分内容提出质疑。此书的出版标志着"古史辨派"的诞生。此后,其他历史学家也受此影响,逐渐开始用"疑古"的观点研究中国古史,对我国史学研究产生了重大影响。除《古史辨》外,顾颉刚还著有《秦汉的方士与儒生》(原名《汉代学术史略》)、《尚书通检》、《中国疆域沿革史》、《史林杂识初编》等,对我国历史学研究做出了重大贡献。与此同时,顾颉刚还将自己在史学上的创见运用到民间文学中,为中国民俗学研究提供了新的视角。顾颉刚克服了唯上唯本的传统治学陋习,对一切都保持怀疑态度;并精准地能找到史学和民俗学之间的联系,进行互动性研究、相互佐证,最终达到融会贯通之境。

人生第一课:祖母陪伴的童年

因母亲身体不好,父亲远在异乡谋生养家,顾颉刚从小是跟着祖父母长大的,而其中以祖母对顾颉刚的影响最为深远。他在《玉渊潭忆往》中谈道:"我的一生,关系最密切的是我的祖母,简直可以说,我之所以为我,是我的祖母亲手塑造的一具艺术品。"在为人之道上,祖母对顾颉刚的要求十分严格。她常对顾颉刚说:"惜食有食吃,惜衣有衣穿。人间浪费一粒米,天上看了就像一粒星。"让顾颉刚要习得节约之德。从此以后,落到桌上的米粒顾颉刚也要拣到碗里,不敢浪费。此外,她还要求顾颉刚每晚临睡前需重新审视自己一天的行为,若是有不当言行,便要写在纸条并贴到床头上,第二天早晨起床再把这张纸条诵读几遍,以示警醒,懂得谨言慎行之道。在学业上,祖母对顾颉刚也是严加管教,常教导顾颉刚要用功读书,不可懈怠,因为一旦松懈下来,便很难重新拾起书本,静心读书了。这些规矩、习惯如此积年累月,对顾颉刚影响颇为深远。

除了严加管教外,祖母在教育顾颉刚时也有温和开明的一面。她教育顾颉刚要勤俭节约,但对其饮食起居又照顾得无微不至,"有骨的,像鱼,她要去了骨给我吃。难吃的,像蟹,她要取了肉给我吃"。祖母每天傍晚还会给顾颉刚讲述中国的民间传说、神话典故。顾颉刚从这些故事中获得了民俗学和史学的熏陶,打开了想象的大门,也为他后来的研究奠定了基础。顾颉刚在完成中学学业后,提出前往北京。父亲不许,但祖母却同意他北上多见见世面,开阔眼界。祖母此番开明的态度也让顾颉刚踏上了一条更广阔的人生道路。

博览群书与系统思考

顾颉刚虽从小博览群书,但他是在章太炎的影响下,才开始对治学进行系统思考。1913年,顾颉刚以第九名的成绩考入北大预科,在正式搬进学校宿舍之前,顾颉刚住在前门外的西河沿附近,那里的戏园子多,戏票也便宜。顾颉刚为了打发时间，便去听戏，时间一长便上了瘾，成为戏迷。正式开学后，顾颉刚失望地发现，北大教员也不过是"拿着教材讲学"，便更倾心于戏曲，甚至翘课听戏。顾颉刚的"戏瘾"是在听完章太炎的国学演讲课后才有所收敛的。

当时，章太炎开国学会讲学，内容包括文科方面的小学和文学，史科方面的史评和社会变迁，法科方面的历代法制，玄科方面的九流哲学和佛学。顾颉刚曾读过章太炎的文章，对其颇为敬仰，在同学的邀请下便决定去听此次演讲。在听完后，顾颉刚更是被章太炎深深折服。章太炎一句："约的病仅止于陋，博的病至于胡乱得不成东西。"顾颉刚就好似醍醐灌顶，发现了自己的弱点：自己虽书读得多而广，但却只把读书当成爱好，仅仅是陶醉其中，得到零碎的材料，没有宗旨，知识体系杂乱。在章太炎的影响下，顾颉刚不再盲目读书，而是变为有序读书，甚至去点读既有系统又有宗旨的旧籍，譬如《史记》《史通》《文史通义》等，开始真正思考治学之道。顾颉刚在谈到章太炎对自己的影响时说道："从此以后，我在学问上已经认清了几条大路，知道我要走哪一条路时是应当怎样走去了。这一个觉悟，真是我生命中最可纪念的，我将来如能在学问上有所建树，这一个觉悟决是成功的根源。"

除此之外，顾颉刚受章太炎的影响，还阅读了康有为、夏曾佑等人的书籍，收获颇丰。因章太炎评价康有为"妄"，他便去找康有为的书来看。顾颉刚看完后却对康有为深表佩服。《孔子改制考》是康有为为推行变法维新撰写的理论著作之一,其核心思想是"托古改制"。该书认为上古历史晦涩难懂,且无可靠记载,夏商时期也缺乏可靠的史料,周代以后才开始有信史。顾颉刚认为,此书虽然部分观点太过武断、有失偏颇,但康有为敏锐的观察力还是让人心生佩服。因章太炎对夏曾佑的书赞赏有加,他又去找夏曾佑的书来读。在《中国历史教科书》中,夏曾佑对中国古史的真实性提出了质疑,认为从盘古开天辟地到周朝初年都缺乏可靠的史料记载,部分古史究竟是寓言还是历史,有待考究,并把太古三代定为"传疑时代",顾颉刚读后深受启发。这些经历都为他日后在古书古史中的建树奠定了最初的基础。

阅读之道:学而不思则罔

讲故事

讲故事是家庭教育中的重要环节,可以激发孩子对科学的探索欲。在孩子年幼还认不全字、无法进行自主阅读时,家长讲述的故事便成了孩子了解世界的重要渠道。年幼的顾颉刚正是在祖母"傍晚故事会"的熏陶下,开始对民俗学感兴趣。那么父母如何才能把故事讲好呢?首先,父母需要根据孩子的年龄和性格特点选择合适的故事。对于幼儿来说,可以选择寓教于乐的童话故事,如《小红帽》《三只小猪》等;对于小学生来说,可以选择一些历史故事、名人传记、神话故事等,让孩子了解更多元的世界。其次,父母应该声情并茂地讲述故事。父母在讲述故事时需要注意声音抑扬顿挫,表情生动,让孩子感受到情节的紧张和悬疑,从而引起他们的兴趣和想象力。第三,父母在讲故事的同时,还要注意与孩子分享故事中的情感,让孩子了解故事背后的价值观和道理,提高孩子的情感素质。父母还可以在讲故事时鼓励孩子参与进来,让他们说出自己对故事的理解和想法,从而培养孩子的语言表达能力和思维能力。

系统阅读

阅读之于人的成长有着重要意义,因为它可以促进我们的认知发展、语言能力、人际交往和情感体验等多方面的成长。但阅读也讲究门道,顾颉刚虽从小博览群书,却在很长一段时间内只停留于书本表面,对知识浅尝辄止,未进行深入思考。因此,庞大知识网络也是杂乱无章、盘根错节、不成体系。直到听完章太炎的演讲后,顾颉刚才幡然醒悟——读书也讲究"有序"之道,不读书不可,乱读书更不可。而家庭教育承担着孩子早期教育的重要任务,父母引导孩子学会系统性阅读,更是能为孩子的终身学习打下基础。那么何为"系统阅读"?系统阅读是指有目的、有计划地阅读一系列相关性较强的书籍或文章,以获取特定领域的深层知识和理解。简单来说,就是当人们对某一个领域的知识有兴趣,并希望去深究时,就需要对这个方面的知识进行梳理,从而在大脑中形成一个完整的体系,到达知根知底、知其然知其所以然程度的了解。

那么系统阅读有什么好处呢？首先，系统阅读有助于孩子们形成系统的知识，对事物有一个整体认知，从而更好地理解事物之间的联系和规律。其次，系统阅读有助于孩子们更快地学习新的信息和技能。当孩子们通过系统阅读掌握了系统化知识时，他们可以更好地理解和记忆新的信息，并将其与已有的知识相互印证和联系起来。另外，系统阅读还有助于孩子们发展自己的批判性思维和问题解决能力。通过系统性的学习，孩子们更容易发现知识之间的矛盾，提出相应的问题并尝试解决。

那么如何才能引导孩子进行系统阅读呢？首先，父母需要了解孩子的兴趣爱好及相关能力，帮助孩子选定主题，并提供相关读物。比如，孩子对科学感兴趣，可以引导他们阅读《时间简史》等科普类书籍。其次，父母可以与孩子一起制订读书计划，包括书本阅读的顺序、时间安排等。这不仅能帮助孩子保持阅读习惯，还能让孩子更好地掌握所学内容。第三，父母应该为孩子提供多样化的阅读材料，包括书籍、网站、杂志等，帮助孩子从不同角度了解同一主题。第四，父母可以在孩子阅读后，与孩子进行交流、探讨，促进孩子思考、理解，并加深对学科知识的认识。通过系统阅读，孩子可以把接收到的所有知识、信息有逻辑地联系起来，并进行深度整合、记忆，从而对某个事物形成更深刻的认知，这样的阅读才是有效阅读。

批判性阅读

学会了系统阅读固然是好的，但若只会盲从权威，迷信书中的观点,阅读也是不到位的。顾颉刚之所以能在史学界有如此高的声望,就是因为他奠定了历史考据或史料批判为现代史学基本纪律的地位,是现代中国史料批判运动的发起人、领导人和主要推动者。而这一切都来源于他对史书进行了批判性阅读。批判性阅读是指通过深入思考和分析文本,以评估其价值和可信度的能力。这种阅读方式可以帮助孩子们发展出独立的思维,从而更好地适应复杂的现实世界。在引导孩子进行批判性阅读时,父母可以采取以下几个方面的指导。

首先,为了帮助孩子在阅读中获得批判性思维,父母应该选择具有挑战性的材料,而不是简单的读物。例如,对于较小的孩子,可以选择一些寓言或者科普读物,引导他们探索其中的深层意义和真相。对于年龄较大的孩子,可以选择一些相关的历史事件或者新闻报道等进行讨论,以培养他们分析和解释信息的能力。其次,在阅读过程中,父母应该鼓励孩子表达自己的想法和看法,并帮助他们学会用证据来支持自己的观点。当孩子提出问题或者质疑文本的时候,父母应该引导他们寻找更多的信息和证据,以支持或者反驳自己的看法,帮助孩子们形成独立、批判性的思维方式。第三,在网络信息时代,有很多虚假或者不准确的信息被广泛传播,因此父母需要引导孩子评估信息的可信度,比如考虑信息来源,作者的背景和动机等。通过这些方法,孩子们可以更好地区分真正的事实和虚假的谣言。

第四章

汤用彤 ▶ 追踪时代,薪火相传

汤氏家族的家风传承

汤用彤(1893—1964),字锡予,中国哲学史家、佛教史家。祖籍湖北省黄梅,生于甘肃渭源。季羡林在《汤用彤先生诞辰百周年纪念论文集》中评价汤用彤为"熔铸今古,会通中西",可见其学问博大精深。

汤用彤出生于中西交会、新旧交替的年代,自幼便在父亲的教导下接受严格的传统教育,辛亥革命前,求学于北京顺天学堂,自此开始接受新式教育。1911年,汤用彤考入清华学堂。1916年,汤用彤以优异成绩从清华学堂毕业,同时考取官费留美,但因患痧眼,最终留校工作,并担任校刊《清华周刊》的总编辑。1918年,留学美国,在汉姆林大学主修哲学、心理学。1919年,因成绩优异被推荐到哈佛大学,学习梵文、巴利文、佛学及西方哲学。1922年,从哈佛大学毕业后回国,先后在东南大学哲学系、南开大学文科哲学系、中央大学哲学系、北京大学哲学系任教。抗日战争时期,任西南联合大学哲学系主任,后任文学院院长。1949年,汤用彤任北京大学校务委员会主席、副校长。1953年,中国科学院成立,汤用彤兼任历史考古委员会委员。1956年,哲学社会科学学部成立,汤用彤任学部委员,并任《哲学研究》等杂志编委。1964年5月,汤用彤因病去世。

汤用彤在中国佛学、玄学、印度哲学的研究中,所取得的成果熠熠生辉。他的《汉魏两晋南北朝佛教史》按时间顺序,系统地分析了汉魏两晋南北朝时期印度佛教传入中国的历史。这本50万余字的巨著依据大量史料,经过认真翔实的考证,全面深入介绍和分析各时期佛典的传译注疏、重大的佛教事件和有影响的佛教人物,并总结出佛教思想传入中国产生的矛盾、融合的历史过程。胡适评价为"此书极好。锡予训练极精,工具也好,方法又细密故此书为最有权威之作"。《魏晋玄学论稿》同样是汤用彤对玄学与佛学之关系、言意之辨、本末有无之争等问题的真知灼见,体现了"昌明国粹,融化新知"的学术宗旨。

汤用彤的父亲汤霖是一名晚清进士,在甘肃渭源任知县,后因支持维新变法而罢官创办新式学堂。汤霖六十寿辰之际,在画家吴本钧绘制的《颐园老人生日宴游图》上,题下"事不避难,义不逃责;素位而行,随适而安",而这也就是汤氏家族充满儒家责任意识和道家超脱感的家训门风。

"事不避难,义不逃责"意在说明为人处世的责任与担当,"素位而行,随适而安"则是一种大道至简的修身方法。汤霖传下的十六字家训,深刻地影响并贯穿了汤用彤和汤一介父子的一生。

"事不避难"与"义不逃责"

"事不避难"与"义不逃责"连用,强调面对困难,不应逃避;合乎道义,就不应推卸责任。在汤用彤投入百般心血的学术研究领域中,印度佛教传入中国后的文化融合过程研究异常困难。贺麟曾说:"写中国哲学史最感棘手的一段,就是魏晋以来几百年佛学在中国的发展,许多写中国哲学史的人,写到这一时期,都碰到礁石了,然而这一难关却被汤用彤先生打通了。"但这并不是一蹴而就的,而是汤用彤苦心孤诣,通过多年如一日的努力,考察大量史证,运用各种严谨的方法终于著就《汉魏两晋南北朝佛教史》,解决了佛教与中国文化关系的历史难题。在晚年,汤用彤躺在病床上时,仍不顾病情,笔耕不辍,全力以赴地辅导后辈学业,想要完成宏大的研究计划。

作为汤用彤的孩子,汤一介子承父业,是中国当代哲学家、哲学史家。父亲的言行在他心中生根发芽,深深影响着汤一介的所学所爱。他曾说过:"我对中国文化非常热爱,因为我爱我的祖国,就必须爱我的祖国的文化,一个国家必须有自己的文化传统,只有珍惜自己文化传统的国家,才是有希望的国家。"于是,他在耄耋之年担任《儒藏》编纂中心主任,以"事不避难、义不逃责"的家族使命感承担起这份工作。暮年时期,与其父亲的心境一样,"虽将迟暮供多病,还必涓埃答圣民",只要身体许可,汤一介就总想做些力所能及的事,并认为这是自己义不容辞的职责。汤一介在临终前说道:"只要我活着一天,我就愿为《儒藏》工程尽力。"

"素位而行"与"随适而安"

"素位而行,随适而安"是指过简单自然的生活,不追求分外之事。钱穆曾评价汤用彤:"锡予之奉长慈幼,家庭雍睦,饮食起居,进退作息,固俨然一钝儒之典型。"汤用彤几乎把全部心血都用在了学术研究和教育事业中,一生淡泊名利,不愿涉足政治。他先是拒绝了梁漱溟对他参加民盟的邀请,而后又拒绝了胡适力荐他去南京的邀请。1946年,傅斯年请汤用彤兼任台湾"中央研究院"历史语言研究所"驻北京办事处"主任,并每月另送酬金,汤用彤全数退回,并表示说:"我已在北大拿钱,不能再拿另一份。"1949年后,政府征用了汤家在北京小石作的房子,并付款八千元,尽管夫人颇不高兴,但汤用彤却说:"北大给我们房子住就行了,要那么多房子有什么用。"汤一介同样坚辞拒绝"大师"的名号,在他看来,不仅他不是大师,这个时代也没有大师。他在《汤一介传》中表明:"我说现在没有大师,是因为还没有一个思想体系被普遍接受,还没有出过一本影响世界的划时代著作。"与汤用彤一样,汤一介的生活也非常节俭朴素,不讲究吃穿,不喜欢交际和应酬,除了看书研究,没什么其他的爱好。

在家庭教育的过程中,汤用彤并没有采用打骂、责怪的方式教育孩子,而是真正地去关心孩子,让孩子在深厚的父爱中体悟学习处世为人和做学问的道理。汤一介表示,在云南的中学时光,最大的收获就是他逐渐了解父亲,知道了什么是哲学家,懂得了研究哲学的意义。汤一介后来回忆,印象中最难忘的一件事就是那年他从"延安西行"归来后要转到南开中学读书时,父亲为他不辞劳苦,奔波于航空公司和飞机场购买机票,一方面深刻体现了一位父亲对子女教育的重视程度,另一方面也是一位父亲对子女的付出和深厚的爱。拿到这张来之不易的机票的汤一介便暗暗下定决心,要努力学习,不能辜负父亲的期望。汤用彤以言传身教的形式,对子女们关心爱护却不溺爱纵容,让他们在和睦、团结的家庭环境中成长,向儿女们传递"事不避难,义不逃责;素位而行,随适而安"的家风家训。

使命担当:风雨中的家国情怀

近代以来,国家、民族危亡无疑是所有中华儿女最为关注的问题。从那时开始,基于现代民族对国民的基本要求,家庭教育也逐步开始重视子女教育中对国家观念的培养。汤氏父子二人都对《桃花扇》的最后一段《哀江南》深有感触,它描述了南明灭亡后,重游南京所见到的凄凉景象。"俺曾见金陵玉殿莺啼晓,秦淮水榭花开早,谁知道容易冰消!眼看他起朱楼,眼看他宴宾客,眼看他楼塌了!"《哀江南》抒发了强烈的亡国之痛和浓重的故国哀思。

汤一介所著《我们三代人》尽管是一本家族史,但完全可以当作一本中国知识分子的感情史、思想史来看。在这本书中,爱国主义情怀贯穿始终。近代以来,中国人民遭遇了很多欺辱,而这深深打击了知识分子。中国人如何站起来,如何创造一个富强的国家也是这本书中思考的一个重要问题。

在民族危亡之际,汤用彤、汤一介父子相继走上"昌明国粹,融化新知"的文化道路,这与其家庭教育熏陶密不可分。可以说,汤用彤奠定了汤家与中国现代学术史和文化史的密切关联的基础。汤用彤在很小的年纪就走进了新式学堂,学习先进的理论知识。他并不认同全盘否定传统文化的做法,而是认为应该在对自身文化价值的了解和发扬的基础上,汲取西方文化中的精华部分。他提出"理学者,中国之良药也,中国之针砭也,中国四千年之真文化真精神也"。汤用彤将理学与民族气节相联系,从精神层面,将理学看作救国的灵药。虽然就现实情景而言,理学并没有将中华民族从水火之中拯救出来,但其所提出的理学救国,在当时特殊的时代背景下,有助于凝聚人心，弘扬民族气节，在一定程度上构成了拯救中华民族的重要精神力量。

1949年后，汤用彤的眼睛出现了问题，他仍旧通过收音机来了解国内外的大事。当他因为身体原因不能出席全国人民代表大会时，他还是用最大的努力阅读大会的文件和重要发言稿。

在儿童、青少年时期强调集体观念和国家观念，能够培养具有民族观念、国家观念、集体观念的儿童。在此基础上，父母通过以身作则的方式能够更为具象地向子女传递真挚、热忱的爱国之情。

就当代而言，很多家长过于重视孩子智力的发展，将成绩放在教育的首位。但其实思想品德才是一个人一生中最宝贵的财富。无论是古人"位卑未敢忘忧国""先天下之忧而忧，后天下之乐而乐"，还是近代"为中华之崛起而读书"的爱国主义，无不彰显着中华民族的优良传统，是一种为祖国付出的责任感和为民族奋斗的献身精神。习近平总书记曾说："中国人自古以来就具有家国情怀，国是第一位的，没有国就没有家，没有国家的统一强盛就没有家庭、个人的幸福。"在变革飞速的当今社会，家长更应该重视孩子的家国情怀教育，继承和发扬中华优秀传统文化。

第五章

吴宓 ▶ 精通西学，布道国学

中国比较文学之父的成长路

吴宓(1894—1978)，原名玉衡，字雨僧(亦作雨生)，笔名余生，陕西泾阳人，中国学者、诗人、教育家，也是清华国学研究院的创办人之一。吴宓出身书香门第，生母在其两岁时去世。后来，其祖母便将吴宓过继给了自己的次子吴建常。吴宓自幼便跟着家里人读书识字，7岁识字过千，15岁便能作诗，被誉为"神童"。1907年，吴宓进入陕西省三原县宏道高等学堂预科，1911年考入清华学堂(后改名为清华大学)留美预科班。1917年，前往美国继续求学，先后就读于弗吉尼亚州立大学、哈佛大学，师从新人文主义代表人物白璧德教授。1921年，获得文学硕士学位后回国任教，曾任东南大学、清华大学、北京大学、四川大学等高校教授。1978年与世长辞。

吴宓虽是西洋文学的教授,却也是一位红学大师。他曾用中英文发表了《〈红楼梦〉新谈》《石头记评赞》《〈红楼梦〉之文学价值》《〈红楼梦〉与世界文学》《〈红楼梦〉之人物典型》等红学论著,为中国和国际红学的发展研究做出了重大贡献。吴宓也是中国的比较文学之父。他曾发表了《新文化运动》《中国之新旧事物》等多篇重要的比较文学论文,并在高等学校开设比较文学课程,把比较文学引入中国学术界,为比较文学学科的建立打下了牢固的基础。吴宓还是一位杰出的教育家,他参与创建了清华国学研究院,在担任该院主任时,他亲自聘请了王国维、梁启超、赵元任、陈寅恪、李济等著名学者,培养了大批知名的文学家、语言学家、哲学家,以及外国文学的研究和翻译人才,钱锺书、曹禺、赵瑞蕻、季羡林等人都是他的学生。吴宓为清华国学研究院的发展做出了重大贡献,开创了中国研究国学的新局面。

两位父亲的深刻影响

吴宓的生父吴建寅和嗣父(已婚男性从同姓血缘近亲中过继他人之子为继子,此子称为嗣子,此父称为嗣父)吴建常对吴宓的影响十分深远。吴宓从小就跟着嗣父吴建常识字。每天早晨,吴建常教吴宓写方块字,从开始只教 3 个字到后来每天学习 24 个字,同时还要复习前 10 天所学的字。吴建常在教学过程中十分重视字的笔形、笔画、意思,会为吴宓讲解字的含义,如"耳手趾爪、碗碟、床褥、笔砚、椎刀、车马、街巷、花树、亭楼、山河、星云"等字,都一一指示实物,帮助吴宓记忆。他还为宓造了许多虚词的实际情境例子,以此为吴宓说明如何使用这些词语来表达感情和想法。在这种教学方式下,吴宓10个月就学会了3 000多个汉字,并能阅读戏剧、小说、报纸杂志和普通教科书等。后来,当吴宓和祖母从上海回陕西时,吴宓就在路上给祖母读小说和戏本,以消磨旅途中的无聊。之后的许多年,吴建常更是定期从上海寄回《新民丛报》《新小说月报》《上海白话报》等月刊杂志和《恨海》《二十年目睹之怪现象》《老残游记》《官场现形记》等当时新出版的小说,让处于西北的吴宓能接触到新思潮和新思想。

吴宓的生父吴建寅,曾在国民政府监察院任职,后来回乡担任了三原县善堂的董事长,在当地颇有威望。尽管吴宓已过继给了弟弟吴建常,但吴建寅对自己的亲生儿子依然十分关心。吴宓稍长之后,嗣父吴建常因公事时常出差,很多时候便由吴建寅承担起了教育吴宓的责任。吴宓10岁时,被吴建寅送入私塾读书,跟随关中大儒刘古愚门人恩特亨就读。第一年,吴宓就读完了《史鉴节要便读》和《孟子》上卷,次年又读完了"四书"和《资治通鉴》,此外还学了数学。12岁时,吴建寅更是在家里设立家塾,聘请教师专门教授吴宓。后来,吴建寅听说王麟编的家塾讲学新旧统筹,并采用了新式学校的办学理念,十分赞赏,便决定让吴宓去那里上学。吴宓后来回忆道:"在此两月中,宓进益甚大。深信此家塾实胜过宓三年来所入之各学,所从之各师。"吴宓取得如此的收获,离不开吴建寅的精心教育。吴建寅常告诫吴宓要勤俭节约,吴宓一生以勤俭自持,也正是受了生父的影响。此外,他十分重视孝道,这也是与生父孝顺祖母有关。吴宓在日后接受了名师的教导,但如果追溯他取得成就的源头,那便是来源于两位父亲的言传身教。

创办清华国学研究院

尽管吴宓精通西方文学,但却也热衷于中国传统文化。在五四运动前后,人们对西方的新思想、新科学充满热情;但研究、传承、发展和弘扬传统文化,重拾文化自信的呼声也随国际时局发展应运而生。一篇刊载于1920年1月出版的《清华周刊》的文章向清华发出质问:"吾清华学校非中国之学校乎？我等清华学生,非中国之国民乎？吾校造就我等,非为中国用乎？何于本国国文,轻视忽略,与日俱进,无时而已也。"彼时的清华学子不再以"美国化"为荣,并对校方忽视中国传统文化教育的安排极为不满。而清华也正处于从留美预备学校向真正大学过渡的关键时期。于是当时的校长曹云祥综合考虑多方面因素后,决定成立国学研究院,并邀请时任东北大学教授的吴宓担任主任。吴宓上任后,迅速投入到各项准备工作中。他结合校方定位和自身经验,拟定了国学研究院的章程。该章程明确了研究院的宗旨,即"致力于研究高深学术,培养专业人才"。此外,章程还规定了研究院的组织、科目、教师、学员和研究方法等方面的详细内容。吴宓尽心竭力地推动国学院的建设。

"博雅"教育的倡导者

待生友善,平易近人

吴宓对学生非常友善,从不摆谱。有一次,有个学生得到了赴美国留学的机会,但家里没那么多钱,吴宓便给了他300元,并让他不用偿还。吴宓和钱锺书的故事则更加让人称赞。吴宓在清华大学任教时,钱锺书是吴宓的学生。钱锺书上课从不记笔记,总是边听边看书或者画画练字,但每次考试都是第一名。吴宓非常看重钱锺书的天赋,常在课后询问钱锺书的观点,而钱锺书总是不以为意。吴宓也不气恼,只是点头示意。据说钱锺书还曾妄言:"整个清华,叶公超太懒,吴宓太笨,陈福田太俗!没有一个教授有资格充当钱某人的导师!"这番话传到了吴宓耳里,他也只是笑了笑,然后平静地说:"Mr. Qian 的狂,并非孔雀亮屏般的个体炫耀,只是文人骨子里的一种高尚的傲慢,这没啥。"

1929年7月,清华国学研究院正式停办。虽然在中国学术发展史上,清华国学研究院只是短暂存在过,但它所开创的研究国学的新风气、学院全体师生对中国国学发展有着卓越的影响。

倡导"博雅"教育

吴宓的教育观念和主张,始于新文化运动,这场运动推动了中国高等教育从传统旧学向现代大学转变的进程。吴宓基于对"新教育"的点评、对新文化运动的批评、以及导师白璧德的教育思想,提出了"有系统有精神"的教育观。他提倡鉴古知今,坚守根本,注重中国传统的国文基础教育。吴宓还主张新教育应该采取中西传统文明之精华。

他提出:"中国文化博大精深。文化乃一国立国之根基,万民养性之命脉,中华优秀传统文化是民族精神家园和民族脊梁。"他认为传统文化是现代教育的重要思想源泉,反对简单地用进化论的观点对待传统文化,反对自然主义思潮在教育领域的蔓延,主张对传统教育方法要辩证分析和评价。他倡导引导学生全面了解西学,"多读西文佳书,旁征博览,精研深造,诸如西洋之哲理文章等",从而做到合理借鉴西方的新人文主义教育思想,正确处理传承与创新的关系。

吴宓的教育思想的核心是"人文教育",即"教人之所以为人之道"。他倡导"文教中华"和"通才教育",强调培养"博雅之士",注重塑造学生的人格和精神境界,不断吸收人类创造的所有思想成果。他对中国教育西化的利弊得失有客观的认识和评价,表达了对当时国内盲目照搬西方教育的深切忧虑,其"博雅"的教育理念后来也成了清华教育的指导思想和办学宗旨。

家庭教育中的乐于助人

乐于助人,是一种积极向上的品质。在家庭教育中,父母引导孩子帮助他人不仅有助于塑造他们的品格,加强他们的社交技能,还能让孩子体会到满足感和自豪感,增强自尊心和自信心。此外,通过教育孩子乐于助人,父母也能对孩子传达一种价值观和文化,帮助孩子成为一个有社会价值的人。

吴宓就是一个热心肠的人,对身边的人极好,自己过得却十分简朴。每月发工资那天,吴宓都会去邮局寄钱,收款者中有亲友、同事和学生,甚至因为过于"热心肠",还曾遭人欺骗,但吴宓也不懊恼。革命烈士王荫南的家庭几代人都受到了他的无私援助,清华校友吴碧柳(芳吉)英年早逝,他义不容辞地负担起照顾其家人的责任。对于其他完全陌生的人,如果家庭有困难,他也慷慨捐赠,不求回报。吴宓学识渊博,其人格更为可嘉,一生救济过的人数不胜数,十分受人敬重。帮助他人可以带来快乐和自我价值的体验,使人从自我中心中解脱。一个善于助人的人不仅能建立良好的人际关系、有效合作,还能找到生命的意义和价值。

那么,父母如何引导孩子学会乐于助人呢?首先,父母需要引导孩子进行自我管理。在学会乐于助人之前,孩子需要学会如何掌控自己的情绪和行为。孩子不能只考虑自己的需求,而忽略了别人的感受和需要。父母需要引导孩子理解自己的情绪变化,以及如何控制自己的情绪。只有当孩子能够掌握自己的行为之后,他们才能更加自信、果断地走出第一步,去帮助别人。其次,父母需要培养孩子同情心和关心他人的能力。同情心和关心他人的能力是乐于助人的重要前提。当孩子能够从他人的角度去看待问题时,他们会更加理解和关注到别人的困难和需要。具体来讲,父母可以通过教育孩子如何感知他人的情绪,例如眼神、动作、语言等,让孩子产生共鸣,并乐于帮助那些需要帮助的人。再次,父母需要给孩子提供榜样。父母是孩子最亲近的榜样,在家庭教育中,父母首先应该做好自己的表率,以身作则。父母可以在生活中鼓励孩子跟随自己一起去帮助别人。同时,家长要向孩子传达爱与关怀的信息,让孩子深刻体会到关心他人、帮助他人不仅是一种行为,更是一种高尚的品德。

家庭中的文化自信与人格养成

在今天全球化的背景下,文化自信已经成为国家和民族发展的决定性因素之一。家庭是孩子的第一所学校,通过家庭教育培养孩子的文化自信,具有重要的意义。如果孩子从小就能够了解、理解和欣赏中国传统文化,就能更好地建立对祖国的认同感和尊重,激发孩子对中华文化的热爱,让他们更加自信地面对国际上的文化交融与冲突。此外,传统文化中的一些价值观如尊师重道、礼义廉耻等,都是中华民族优秀的道德品质和人文精神的体现。父母通过传统文化的教育,可以让孩子了解并培养这些价值观,进而提高孩子的修养和人品。

吴宓在一个全民呼唤"新思想"的年代,依然能保持对传统文化的自信和推崇。他认为中华文化之所以能够绵延不绝是因为它有种核心价值在其中,坚信传统文化的优秀性。而作为一名教育学者,吴宓主张将传统文化作为中国教育的重要部分,拒绝全盘西式教育。他强调文化包容,并提倡用"中国情节"的方式讲授中国文化,使中国青年更好地构建自己的文化认同。

在今天,让传统文化回归当下的教育更是具有现实意义。全球化时代的到来,各种文化交流和融合不断深入,带给我们的冲击及压力增加,传统文化的保护和传承显得更为重要。中华传统文化已经经历了五千年的传承,它体现了中华民族的思维方式、价值观念、审美情趣和文化传承方式等内涵。在家庭教育中,父母需要引导孩子去了解自己家族、民族、国家的传统,让孩子认识和理解自己所处的文化背景,让孩子们更好地认识并接纳自身所处的文化环境,感受到自己所处文化的独特性,增强文化自信心和爱国意识。

此外,文化自信还包含了作为一个民族或国家,对自身文化的认同和自豪感,并愿意积极地将自己的文化推向世界的态度。在这样的背景下,培养跨文化交流和合作能力变得尤为重要。父母应该鼓励孩子学习外语,掌握跨文化交流所需的语言技能。随着全球化的发展,各国之间的联系日益紧密。在这一背景下,具有国际视野和跨文化交流能力的人才成为社会需求的主流。父母还应该以培养成为具有国际视野和竞争力的未来人才为目标。父母需要引导孩子去了解不同国家和地区的历史、文化、风俗习惯等,培养他们对不同文化的兴趣和好奇心。这样可以帮助孩子更深入地了解自己所处文化和其他文化的异同点,加深对世界的理解和认识。这将成为孩子未来个人发展和职业成功的有力支持,也有助于推动社会的多元化和国际化。

这些措施都旨在帮助孩子树立起文化自信的观念,让孩子善于把握和继承自己文化传统;同时学会尊重和欣赏其他文化,成为一个具有文化包容性和开放性的人,以更为舒展自如的心态对待自身的文化,做到真正的文化自信。

第二篇

社会场域：现实碰撞与行动引领

关键在于要有坚强的意志，卓越的能力以及坚决要达到目的的恒心，此外都是细节。

　　——约翰·沃尔夫冈·冯·歌德

　　本篇立足家庭教育的社会维度，包括"赵元任：文理兼修，全人教育""黄侃：虔诚问学，家学之道""金克木：博学笃志，切问近思""梁启超：成在将来，不在当下"以及"章太炎：教书育人，太独必群"五个小部分，呈现近现代中国社会发展的现状与趋势，国学家们作为子女融入社会的首席指导师，自身所具备的全面、客观、理性、科学的社会素养，以及他们在家庭教育中对子女顺利社会化的有力引导，包括清晰的社会意识、积极的社会情感和良好的社会技能。

第一章

赵元任 ▶ 文理兼修,全人教育

领先于时代的复合型人才

赵元任(1892—1982),字宜仲,原籍江苏武进(今常州),生于天津,中国语言学家,精研北方话与吴语方言的音系,一生会讲33种汉语方言,会说英、法、德、日、西班牙语等多种外语。他还以跨专业通才著称,在康奈尔大学学习数学,选修物理、音乐,入哈佛大学主修哲学并继续选修音乐。1925年到1929年任清华大学清华国学研究院导师,与梁启超、王国维、陈寅恪一起被称为清华"四大导师"。

1939年起,赵元任历任美国耶鲁大学访问教授(1939—1941),美国哈佛燕京学社《汉英大辞典》编辑(1941—1946),哈佛大学东亚语言及文化学系中国语言讲师等职务。1945年赵元任当选为美国语言学会会长,密歇根大学语言研究所教授(1946—1947)。1948年,赵元任当选为台湾"中央研究院"第一届院士。1947年起,他专任加州大学伯克利分校教授,1965年退休,任该校离职教授至逝世。1982年2月25日,病逝于马萨诸塞剑桥黄山医院。

1948年以后,赵元任在美国任教期间,英文著作有《中国语字典》《粤语入门》《中国语语法之研究》《湖北方言调查》等。20世纪50年代后期,曾在台北作"语言问题"的系统讲演,并结集成书,由商务印书馆出版。此外也录制有关语言的唱片,单是中国华中、华南各省方言的录音唱片,就有2 000多张。在胡适商请下,他发明了注音符号,协助国人学习国语即普通话。1965年退休后,他出版《语言学跟符号系统》《中国话的文法》《白话读物》等。此外尚有《绿信》(*Green Letter*)五册,记述自己的思想、感情和生活。赵元任把《康熙字典》里两万多字"浓缩"为2 000个常用字,取名为《通字方案》。他还是汉语五度标音法发明者。

科学人文,融贯一体

建设科学与人文融贯一体的人类文化,是萨顿的学术追求,也是赵元任的学术追求,更是科学史最根本的价值取向。作为文化的科学,不仅仅是一类有用的知识,而且是一种理性探索的精神,也是一套现代的思维方式。20世纪初的中国正急需补充科学文化。从这个角度看,赵元任不仅仅是从哈佛大学毕业的哲学博士、萨顿科学史课程最早的参与者,更是中国较早的科学文化启蒙者之一。

年轻时的赵元任,和所有青年人一样考虑着学成回国后做什么,自己最适合做什么的问题。赵元任自幼便对各种方言表现出浓厚的兴趣,他还没满12岁就已经会说北京、保定、常熟、常州、苏州等多种方言。20余岁的赵元任在他1916年元月的日记中写道:"我大概是个天生的语言学家、数学家或音乐家。"后来,赵元任的女儿问他为什么会研究语言学,他幽默地对女儿说,研究语言学是为了"好玩儿"。赵先生在美国念书以及回国工作期间又跟同学、朋友学会了无锡话、南京话、扬州话、上海话、安徽话、湖南话、湖北话、广州话、福州话等。直至1959年,在近70岁的时候到台湾讲学,还学会了复杂难懂的闽南话。

赵元任历来都把科学与人文两种文化融贯起来,尤其展现于他后来的语言学研究中。研究中国的语言学,是一项人文性的文化工程。然而,不同于中国传统的人文学者,赵元任是以科学的方式完成的。依据科学方法,借助科学仪器,进行科学写作。是以,他才有中国的"现代语言学之父"美名。他把人文文化作为科学来研究,同时又把科学视为构建人文文化的重要资源。

音乐学习与创作在赵元任一生中仅是兴趣所致,但其数百首音乐作品仍展现出了他高度深邃的艺术追求与卓越杰出的艺术成果。以赵元任1926年创作的《教我如何不想他》为例，在这首艺术歌曲中所反映出的不仅是他的音乐知识功底，更是对音乐创作的革新、对音乐理论的推进、对音乐艺术的追求，并蕴含了追求先进、男女平等的精神。

1937年抗日战争全面爆发前后，赵元任创作了《我们不买日本货》(1933)、《儿童前进曲》(1936)、《抵抗》(1937)、《自卫》(1937)、《中华，我中华》(1937)、《看，醒狮怒吼！》(1938)、《老天爷》(1942)等抗战爱国歌曲。赵元任的创作始终坚持中国民族调式的五声性特点，将西方的调性思维作为手法，表达中国人的精、气、神，传达歌曲中所凝聚的民族气节。

赵元任践行着全人教育的思想，他曾以陶行知的词编写了诸多歌曲，如《自立立人歌》《村魂》《西洋镜歌》。在基础教育、幼儿教育等方面，赵元任同样依据陶行知的歌词创作了诸多儿童歌曲，如《手脑相长歌》《春天不是读书天》《小先生歌》等。这些儿童歌曲中，蕴含着陶行知一生倡导的"行知合一""手脑并用"等全人教育思想。在音乐形式上，这些歌曲包含齐唱与合唱，使得这些歌曲不仅可以聆听，更能够为学校音乐教育、社会教育所广泛使用。

赵元任专注于科学与人文的探索，他一心一意，心无旁骛，尤其不喜欢做官。据赵元任妻子杨步伟在《一个女人的自传》中记载，"元任对我说，我须明白他这个人一辈子不会做官的。他的志愿是想做学问、写书和念书，不喜欢做行政事"。这一思想和意愿，终其一生都未改变。

伉俪情深，相互成就

赵元任和杨步伟夫妇在婚姻关系中，配合默契，相互扶助，伉俪情深，可称家庭关系的典范。

赵元任的妻子杨步伟是具有中西文化根基的女性。杨步伟早年在日本东京女子医学院学医，1919年学成回国，在北京创建"森仁医院"。1921年6月1日与赵元任结婚，婚后杨步伟成了赵元任事业发展的贤内助，她本人还出版过菜谱和家庭传记类的书。赵元任夫妇共同生活将近六十年，他们总是在事业、生活各个方面相互鼓励，互为支持。

赵元任出去开会演讲，夫人总是坐在第一排，虽然多半时她并不完全懂得丈夫演讲的内容。她对于其他听众的反应很敏感。讲演后，她常常说："今天讲得很成功"，可是"开始时，你的声音太小一点，后面人可能听不见"，或说"我怕你的笑话有许多人并没有懂过来……"。正是在夫人的陪伴与支持下，赵元任学术不断取得成功。

而夫人杨步伟在撰写《一个女人的自传》《中国食谱》和《杂记赵家》过程中，又有赵元任的帮助，他查阅日记帮助她准备部分材料，他帮助她将中文稿写成英文，亲自画插图，联系出版等事情。杨步伟还著有菜谱《做、吃中餐》《教你一些在中国餐厅点菜，吃饭的高招》，非常畅销。她是以做菜著名的文化人太太,来客必留饭,生怕客人吃得不舒服。

在杨步伟撰写的《杂记赵家》《一个女人的自传》中,留下了很多流金岁月的片段记录,妙趣横生,令人艳羡。无论是夫唱妇随,还是妇唱夫随,时间早已证明了赵元任、杨步伟夫妇相濡以沫,难分难舍的深厚情谊。

和睦自由的家庭氛围

在父母恩爱的家庭氛围中,赵元任特别注重孩子的全面发展,正如美学家、教育家朱光潜提出了"五育并重、美育为基"的"尽性全人"教育思想,朱光潜强调"教育必以发展全人为宗旨,德育、智育、美育、群育、体育五项应同时注重"。赵元任所践行的家庭教育正是对当时教育体制中关注甚少的体育、群育和美育做出了富有创造性的回应。

赵元任夫妇育有四个女儿,他们以自由民主的培养方式养育女儿,其女多是择某一专业领域做学术研究,并取得一定成就。长女赵如兰,拉德克利夫学院中国音乐博士,哈佛大学教授。次女赵新那,哈佛大学化学系,长沙中南矿冶学院教授。三女赵来思,伯克利加州大学数学研究所毕业,出版过23本书,包括一些儿童读物。四女赵小中专攻物理,毕业于康奈尔大学,任职于马萨诸塞理工学院。

赵元任总是带着孩子出行游玩,开阔眼界,讲解知识。赵元任也曾带女儿们看日全食,参观天文台、天文馆、博物馆和世界博览会等。1939年,赵元任以中国代表团首席代表身份在旧金山出席第六届太平洋科学会议之后,一个人驾车由美国西海岸到东海岸,横穿美国大陆,一路上带孩子们参观游览。那年正赶上美国旧金山和纽约市两处举办世界博览会,为了让孩子们有更多增长知识的机会,他带孩子们参观了博览会的科学馆、美术馆、中国馆、魔术馆等。纽约世界博览会的"未来世界"馆,给他本人和孩子们都留下深刻的印象。

语言、音乐、学习知识在赵元任夫妇的子女教育中占据着重要的地位,赵元任总是带着孩子们在玩中学。在日常生活中,赵元任总能想出带孩子玩的新点子。他带着孩子放风筝,给孩子念故事书,饭后跟女儿一块儿弹琴唱歌。哪里有赵家,那里就有赵家的歌声和琴声。他录制《儿童节歌曲》《基本英语》唱片,到广播电台演讲,里面都有女儿表演的角色。他研究儿童语言,外孙女也成了他研究语言的对象,他系统地详细地录制和研究外孙女的语言,并撰写成儿童语言的科学论文。

赵元任注重孩子各方面的全面发展,而不仅仅局限于课本里的知识,这种"全人教育"的思想吸纳西方现代文化的科学成果,富有学院式的人文精神,更始终立足于中国传统文化的深厚土壤,具有强烈的现实关怀。语言、音乐、科学成了赵元任与妻子、女儿、家人共同分享的知识宝藏,又是家人之间兴趣所致的连接,其妻子、女儿在学术或事业上的进步,也和这样自由和睦的家庭氛围紧密相关。在赵元任的家庭中,语言就是个"好玩儿"的事情,"独乐乐不如众乐乐",他鼓励子女发现自己的兴趣,找到人生的意义,而事业上的成果只是兴趣的副产品。这样的家庭教育以家长为成长榜样,以浸润学术与爱的家庭氛围为基础,以家长智慧为引领,时至今日,仍具有可借鉴的家庭教育经验与启迪。

第二章

黄侃 ▶ *虔诚问学,家学之道*

家学深厚与留学日本

黄侃(1886—1935),初名乔鼐,后更名乔馨,最后改为侃,字季刚,又字季子,晚年自号量守居士,湖北蕲春人。中国音韵训诂学家、文学家,曾在北京大学、中央大学、金陵大学、山西大学等任教授。

1905年黄侃留学日本,在东京师事章太炎,受小学、经学,为章氏门下大弟子。黄侃主张"为学务精""宏通严谨"。其所治文字、声韵、训诂之学,远绍汉唐,近承乾嘉,自成一家,多有创见。对于传统语言文字学的研究,黄侃主张根据《说文》和古音研究来研读《尔雅》。黄侃治学重视系统和条理,建立黄氏古声学体系,用古声学理论研究文字训诂。强调从形、音、义三者的关系研究中国语言文字学,以音韵贯穿文字和训诂。

他对于上古声韵系统研究的主要成果有古声十九纽说、古韵二十八部说、古音仅有平入二声说等。

黄侃在研究《文心雕龙》、礼学、汉唐玄学等方面也都有独到的见解。学术之外,尤精古文诗词,文尚澹雅,上法晋宋。黄侃为学务精习,对于"四史"、群经义疏及小学基本著作都研读达十几遍、几十遍,对《说文》《广韵》尤为精熟,多有批注。

主要著述有《音略》《声韵通例》《说文略说》《尔雅略说》《声韵略说》《集韵声类表》《文心雕龙札记》《汉唐玄学论》等。后人称黄侃与章太炎、刘师培为"国学大师",称他与章太炎为"乾嘉以来小学的集大成者""传统语言文字学的承前启后人"。

人间岁月与狷狂性格

国学为志

对于黄侃而言,他以国学研究为志的一生也是得益于家庭教育的结果,即对传统文化的传承与热爱。章太炎在《黄季刚墓志铭》中云:"年逾冠耳,所为文辞已渊懿异凡俗……季刚生十三岁而孤,蕲春俗轻庶孽,几不逮学,故少时读书艰苦,其锐敏勤学亦绝人……初,季刚自始冠已深自负,及壮,学成。"可见黄侃读书刻苦、学问渊博、才高气傲在年少时就已形成。

在读书问学上,黄侃出身书香门第,又少负"圣童"之誉。

正是由于家人的良好而严格的引导,让黄侃从神童成长为真正的学者。父亲黄云鹄对黄侃一直有着严格的要求,而黄侃后来的治学方法、态度等无不在此时形成底色。当黄云鹄逝世后,黄侃的家人坚持要求他用功读书。生母周孺人坚持请人教授黄侃。慈母田太夫人每见黄侃慌惰不学时,必垂泣同时训诫他有负父望;叔兄少芸先生临终前说话困难,仍以"用心读书"四字教导黄侃。由此可见,黄侃受到家庭教育的浸润,自幼年起收获了传统教育带来的益处与家庭带来的温暖,这为他打下了扎实的国学功底,奠定了黄侃一生专注学术、传承国学的志向。

自我突围

在近代中国内忧外患的背景下,知识分子是选择从政之路,还是退而专注学术,抑或两者兼之,任何一种抉择都绝非易事,大多数知识分子在政治与学术之间徘徊,以期找到一个平衡点去安放自己的心灵。

黄侃早年投身革命活动,后期任教大学专心国学研究,这种转变无疑是实现了自我突围,找到了安身立命之处。青年时期,黄侃曾投身革命,1905 年,黄侃东渡日本加入同盟会,有着激进的革命斗士之誉。在救亡图存的时代背景下,早年静坐书斋的书生走入街头,投身革命,这对于黄侃来说是一个极大的转变,而不变的是黄侃为国忧民的担当与责任。他最终下定决心完成弃政从学的转变,回归国学研究。

血脉延续与家学传承

家学深厚

黄侃父母对他的关爱与教导对他产生了深刻的影响,在这样的家庭氛围下,黄侃的道德观、价值观倾向于认可中国传统家庭的道德与文化。在崇尚追逐西方之学的时代背景下,黄侃选择了以传承中国传统文化为己任,任教北京大学等多所大学,这是他在时代浪潮下忠于国学的坚守,也是得益于家庭教育的结果,即对传统文化的热爱。

黄侃的父亲黄云鹄教育孩子,不仅是口头说教,更是以身作则。黄云鹄为官多年,素有"黄青天"之誉,古代读书人"先天下之忧而忧"的责任精神也通过父亲的言传身教刻在了黄侃的心中。青年时期的黄侃,怀着强烈的救国热情与爱国之心,投身于革命活动。

黄侃孝亲、爱国、忧民,其才学、性格、爱好的养成无不深受着家庭氛围的熏陶与影响。黄侃的父亲黄云鹄对待长辈就非常孝顺,查阅黄侃日记,凡一年中遇到父亲、生母、养母、兄长的诞辰或忌日,黄侃皆一一记下并设供祭拜,时常流露出对他们的思念与感激之情。父亲黄云鹄具有名士风流,喜欢寄情山水,为人不拘小节,黄侃喜欢游山玩水、文采风流,也可以从他的父亲身上略见一斑。

悉心教导长女

父亲的以身作则，家庭氛围的熏陶，这样的教育方式也被黄侃所传承。在锋芒外显的性格下，黄侃有着一颗耐心细致、陪伴成长的慈父心，黄侃那敢怒敢言的率真性情，化为了对子女教育中倾心倾力的踏实教导。

黄侃的长女黄念容（1904—1979）毕业于南京金陵大学文学院，曾任香港中文大学教授。其丈夫为中国语言文字学家潘重规，是父亲黄侃的爱徒。现从《黄侃日记》中摘录一些片段，了解他指导长女黄念容学业和生活的情况。

1月11日，为容儿讲文字声韵大意。三时乃眠。

1月17日，点阮书东韵未及半。为容儿讲说文，讫告部，足冷不可堪，遂眠，甫子夜。

1月29日，为容儿讲说文，讫刀部则字，又讲唐诗数首。

2月21日，督女容检理书籍略竟，明夕定行。

以上这段日记主要记录了1922年，黄念容18岁，黄侃向她讲授文字声韵学、《说文》以及唐诗等内容。当时，黄侃正在武昌师范大学任教，他也就以大学水平来为长女讲授国学知识，希望长女能传承家学。

黄侃多次为长女讲课至夜半，甚至到"足冷不可堪"。黄侃在出行前，细心地督促女儿整理好书籍，"女容检理书籍略竟，明夕定行"，可谓是以尽心尽力、勤恳不懈怠。

在做人方面,黄侃对长女则是悉心教导并会非常严厉地指出问题。日记中记录到:"以事扑责女容""与容儿谈家事及悔以保身成人之道,至四时乃眠",讲规则讲道理,黄侃会结合自身的经验,给女儿分析生活中的家事,用长者的人生经验,一一为女儿解惑。

在黄侃的呵护与教育下,黄念容不负所望,她继承家学成了中国语言文字学方面的研究专家。为了表达对父亲的敬意,她晚年与丈夫潘重规整理黄侃的遗墨,促进了"章黄之学"的发展,1974年在香港出版《量守居士遗墨》,此书更成为研究黄侃的重要参考资料。

"博而能约"的读书原则

黄侃倡导"博而能约"的读书原则,他认为书山浩渺,书无穷尽,所以要寻得自己所喜爱与擅长的领域,扎根下来,以此作为根据地,再向四围扩散,要以精读数部经典作为自己的治学之基。黄侃用功最深的几部书是"十三经"、《说文解字》、《广韵》、《昭明文选》、《汉书》和《新唐书》,他反复圈点阅读,特别是《说文》《广韵》和《尔雅》,黄侃圈点"殆不能计遍数",他也正是以这三部书所代表的文字、音韵、训诂之学见长。

名师出高徒,贵在授业解惑。黄侃也将这样"圈点"的读书方法传授给他的学生,看起来仅仅是一个重复阅读的方法,但却能让学生学会沉下心来做学问,受益匪浅。在1926年的时候,还在北京大学国文系学习的陆宗达,向黄侃请教读书的学问,黄侃通过让陆宗达多次点标点的方式来教陆宗达读书。陆宗达最初拜师时,黄侃递给他一本《说文解字》,让他点上标点。经过一周的时间,陆宗达点完了第一本《说文解字》,黄侃却又再次要求他点上标点,并一再重复这个要求。两个月后,陆宗达点完了第三本《说文解字》,黄侃终于表示满意,这意味着陆宗达的拜师学艺结束了。黄侃最终对陆宗达说:"以后,碰到文字方面的问题,不用翻看,也可以运用自如了。"后来,陆宗达成为我国现代训诂学界的泰斗。他时常回忆起黄侃,总满是感激。他说:"如果没有黄先生当年的狠,就没有我今日取得的小小成就。"

黄侃在教书讲课方面还颇有魏晋风流之气,说话做事率真,毫不矫饰,但在做学问方面却一丝不苟,十分严谨。他主张"师古而不为所囿,趋新而不失其规""以四海为量,以千载为心,以高明远大为贵"。他生平圈点和批校之书多达数千卷,在文字、音韵、训诂方面的学问远绍汉唐,近承乾嘉,把声韵结合起来研究,从而定古声母为十九、古韵母为二十八,使"古今正变咸得其统纪,集前修之大成,发昔贤之未发"。此外,他在研究古典文论方面也有许多发前人所未发之处,开创了研究古典文论的风气。黄侃常对人说:"学问须从困苦中来,徒恃智慧无益也。治学如临战阵,迎敌奋攻,岂有休时!所谓扎硬寨、打死仗,乃其正途。"

第三章

金克木 ▶ 博学笃志,切问近思

自称"杂家",实为"通人"

金克木(1912—2000),字止默,笔名辛竹,祖籍安徽寿县。金克木出生于旧官僚家庭,金父是清朝末代县官。后家道中落,金克木只勉强完成了小学学业。成年后,金克木便到北平求学,在北大图书馆当管理员。他在工作之余,博览群书,还常去各大高校课堂蹭课,勤奋自学,掌握了多门外语。抗日战争全面爆发后,金克木离开北平,曾任香港《立报》国际新闻编辑、湖南长沙省立桃源女子中学英文教师、湖南大学法文教师。1941年,金克木到印度游学,从此开始对梵学进行研究。1946年从印度回国,任武汉大学哲学系教授。两年后,前往北京大学,任东语系教授。2000年,因病逝世。

金克木是我国著名的语言学家。他精通多种外语,曾靠一部词典,一本恺撒的《高卢战纪》,就学会了复杂的拉丁文,语言天赋极高。金克木也是梵学专家,对印度文化有广泛研究,并与季羡林一起培养出了新中国第一批梵、巴利语学者。其著作《梵语文学史》更是体现了深厚的印度文学研究功底,是学习印度文学的必读课本。同时,金克木在文学方面也颇有建树。他对于语言的运用非常娴熟,善于通过细腻生动的描写和自然流畅的叙述表达出深层次的意蕴和情感。让读者在阅读时不仅能够感受到文字的美感,同时还能引发内心深处的共鸣,著有《旧巢痕》《难忘的影子》等文学作品。此外,金克木对儒家、佛家、道家也有长期的研究,对心理学、逻辑学乃至数学、物理等都有独到的见解,被称为"杂学"大师。

"无界"之道与大器自成

儿时跨界阅读

金克木出生时恰逢辛亥革命,因金父是清朝官员而被抄家。不久之后,金父去世,从此便由生母、嫡母和哥哥嫂嫂们带着长大。金克木的语言天赋或许与家庭氛围有关。金家人都说着不同的方言,五花八门,这让金克木从小就对语音特别敏感。"我学说话时当然不明白这些语言的区别,只是耳朵里听惯了种种不同的音调,一点不觉得稀奇,以为是平常事。一个字可以有不止一种音,一个意思可以有不同说法。"金家秉持着"万般皆下品，唯有读书高"的传统观念，在大哥的督促下，金克木3岁便开始读书。大嫂带着金克木学习《三字经》等中国传统文学。而此时也正是中国教育从传统私塾向西方现代化转型的初始时期，作风新派的三哥便带着金克木阅读新式教科书。金克木很快就读完了《国文教科书》，后来又跟着三哥学习了英文。英文虽说并未学得深入，但也为金克木自学外语打下了一些基础。

金克木还偶然发现了家中的一批中国古典小说，《天雨花》《笔生花》《玉钏缘》《再生缘》《义妖传》……此后便常常偷偷阅读，看书的速度也是这个时候练就的。没过多久，金克木又发现了一批西方典籍，《富强斋丛书》《天演论》《巴黎茶花女遗事》……虽然幼年的金克木读不太懂，但依然感受到了外国文化的冲击和启示，这就像绝境中的一股生机，激起了金克木对于未知世界的探索欲望。这些书籍在金克木的心中种下了一颗西方文化的种子，此后，他开始对外国文化充满兴趣，并为日后的学术研究和社会实践打下了坚实的基础。

"偷师"自学

金克木8岁时，大哥突发疾病去世，家道彻底败落。因经济窘困，金克木只能勉强读完小学。但他一心向学，继续自学。成年后，金克木前往北平，继续求学之旅。经朋友介绍，他成为北大图书馆的管理员，这段经历对金克木来说异常珍贵。据金克木自己回忆，虽说刻苦自学，但一直苦于无人指导，总是不得读书要领。而在北大当图书馆管理员时，便想到了一个办法:跟着别人读书,别人白天借什么书,他晚上就读什么书。一天,一位长袍老者来到图书馆,将一张借书单递给了金克木。金克木发现此人竟是文史大师刘文典,便偷偷记住了刘文典借阅的书籍名字,之后也一本本进行研读。

与此同时,金克木还敏锐地发现,毕业生来借书主要是为了写毕业论文,因此所借的书比较专业;而低年级学生借书则多是老师介绍或指定的基础读物。金克木以此为准则来选择适合自己的书籍。如若碰到不懂的地方,就向借书的人请教。后来,金克木回忆在北大图书馆当管理员的这段经历时评价道:"如果没有这所图书馆,我真不知道怎么能度过那飞雪漫天的冬季和风沙卷地的春天,怎么能打开那真正是无穷宝藏的知识宝库的大门。"除此之外,金克木还会在空闲时去北平各大高校"蹭课",并与学生进行交谈。金克木深知自己有很多不足,因此他总是密切关注周围的学者,汲取他们的经验和智慧,并不断地进行思考和实践,扩展自己的知识面。金克木的这种"偷师"精神,使他能够敏锐地洞察问题,并从中获取新的见解,最终成为学术巨匠。

"杂家"自生气象

1941—1946年,金克木在印度工作,并利用业余时间自学梵文。梵语是印度教的宗教语言,也是印度最重要的古代文字之一。在自学梵文的过程中,金克木了解到了印度教的发展历程,也激发了他研究印度古代文化的兴趣。后来,他阅读了包括《摩诃婆罗多》《罗摩衍那》在内的多本印度古典文学著作,深入探究了印度文学的艺术魅力和文化价值。与此同时,金克木对起源于印度的佛学也进行了深入研究。通过学习佛学,金克木了解了佛教在印度的演变历史和在亚洲文化中所起的作用,期间还与印度哲学家、学者进行了深入交流,将中西方哲学进行比较研究,深入剖析了梵学的思想内涵和学术价值。

1946年,金克木从印度归国,开始了自己的教书生涯。他先在武汉大学哲学系任教,主要授课印度哲学、梵文和印度文学。后来又到北京大学教授印地语和印度文学史等课程。他还与季羡林合作,共同开设了五年的梵文和巴利文课程,对中国梵学的发展做出了巨大贡献。

但金克木并未把自己局限于梵学研究中,若说他有什么文化主张,那便是提倡——在由分科而形成的"科学"的基础上打通学科。金克木认为,人若只钻研某个学科,难免形成固化思维;而要避免这个问题,就必须丰富自己的见识,不断地修正原有的偏见。因此,他踏上了一条永不止步的求知之路。除了梵学书籍,金克木还会阅读符号学、哲学、文学、计算机、天文学等书籍。复旦大学历史系教授钱文忠在北大读书时,曾受教于金克木,他说自己每次和金克木见面时,都能听到一些国际学术界的最新动态,有符号学、现象学、参照系、格式塔、边际效应、数理逻辑、量子力学、天体物理、人工智能、计算机语言……同时,金克木在阅读这些书籍的过程中,也在不断地汲取不同学科的思想,对梵学进行更加深入的思考,梵学思想也变得更加敏锐而深刻。

博学而笃志，切问而近思

观察是儿童增长知识，认识世界的重要途径，是孩子智力发展的基础。金克木虽然一直刻苦自学，但总苦于摸不着读书的"门道"。在当图书馆管理员后，凭借对周围环境的敏锐观察，他才掌握了有效的学习方法。观察和学习是相辅相成的，只有拥有高水平的观察能力，才能深入学习知识，提高自身能力。

然而，并非所有的孩子都有出色的观察能力，所以父母需要从小开始培养，为他们未来的成长发展打好基础。父母可以带着孩子走出家门，让他们看看周围的景色、建筑物、人们的行动等，鼓励他们仔细观察周围的事物。可以提前想好问题，帮助孩子们观察、思考和交流以加深他们的认知和理解。例如，孩子用什么工具堆雪人？如何将雪粘在一起？

父母还可以通过与孩子玩游戏，锻炼他们的观察能力。例如，玩一些找不同游戏、拼图游戏、黑白棋、五子棋等，让孩子们在游戏过程中培养观察细节的能力。父母还可以鼓励孩子探索自然，利用自然环境为孩子创造规模感，养成细心观察的习惯。例如，带孩子去公园里观察动物、植物，看看向阳叶的颜色与背阳叶的颜色是否不同，追踪一只小蚂蚁等。在培养孩子观察力这个过程中，家长需要耐心与孩子沟通交流，以了解并引导他们的求知欲。

通才教育与不设限的人生

随着科技的发展，当前社会日新月异，人们只有具备较为全面的知识储备，才能适应如此快速变化的环境。金克木也提倡，要打破学科界限，实现文化会通。比如，他认为研究文学的最好也要懂一点天文学知识。因为对宇宙的思考和观察有助于开阔心胸，这对观察历史和人生，思考文学和哲学问题都有帮助。但在家庭教育中，一些父母固守老旧的观念和经验，对某些问题产生偏见，很容易导致孩子自我设限，无法成长为全面型人才。例如有些父母认为女孩子适合学文科，学不好理科。这些观念都会限制孩子的发展空间。所以父母首先需要摆脱自己的陈旧观念，用开放的心态去鼓励孩子勇敢地尝试新事物，拥抱时代变化。此外，父母还需要引导孩子接触不同的事物。比如，父母可以让孩子参加一些志愿者活动、户外探险、艺术展览等，感受更加多元的文化和价值观。

与此同时，父母需要帮助学会孩子应对失败和挫折。在学习新事物时，孩子往往会遇到各种困难和挫折。这时，父母需要成为孩子最可靠的支持者，用鼓励和理解来帮助孩子应对挑战。比如，父母可以与孩子交流自己的经历，分享成功和失败的经验,让孩子从中汲取力量和智慧。对孩子进行通才教育是家庭教育中的重要任务,孩子只有得到了全面发展,才能更好地适应未来社会,取得更多的成就。

注重孩子的乐观心态

乐观向上的心理能使人不惧怕迎接生活的挑战,并以积极的态度去解决问题、拥抱未来。金克木生于一个动荡的年代,历尽磨难却也不气馁,这得益于他乐观豁达的生活态度。金克木的积极心态尤其体现在他对衰老和死亡的看法之中。他在自己的作品《老来乐》中谈到,人到老年时,是无忧无虑而不受束缚,是有广阔的天地而可以大有作为。而在面对"死亡"这个严肃的话题时,他更是"自我作古",写下了亡者对生者的《告别辞》。

作为孩子成长过程中最亲密的"伙伴",父母必须注重对孩子乐观心态的培养。父母需要让孩子明白,生活中总会出现困难和挫折,但只要坚定信念,积极进取,就能克服困难。当孩子遭受挫折时,父母应该及时鼓励和支持,让孩子不要轻易放弃,要相信自己有力量战胜困难。

同时,在家庭生活中,父母应该以身作则,用积极、阳光的态度去面对生活中的各种问题,让孩子从父母的言行中汲取正能量。父母还需要注重孩子情绪管理能力的培养,尤其需要教育孩子如何正确地管理负面情绪，在面对困难时不轻易放弃，让孩子在未来的生活中勇敢迎接生活中的挑战和机遇，走向更广阔的天地。

第四章

梁启超 ▶ 成在将来,不在当下

中国家教第一人

梁启超(1873—1929),字卓如,号任公,又号饮冰室主人,广东新会(今江门市新会区)人,是戊戌变法领袖之一,中国近代维新派领袖、学者。其祖辈以农耕为业,后因其祖父梁维清"始肆志于学",后考取了秀才,梁家因此跻身于士绅阶层。梁启超4岁便随母亲识字,5岁读四书五经,12岁中秀才,17岁中举,后师从力倡变法的康有为,从此放弃旧学,走上了改良维新的道路。此后,在清政府屡次割地赔款的屈辱之下,梁启超和维新派人士一起发动了提倡变法的系列政治运动。在戊戌变法失败后,梁启超被迫流亡日本。14年后,应袁世凯之邀,回国担任内阁政府司法总务长一职,结束流亡生涯。1917年,在各路军阀混战的历史背景下,梁启超结束了自己的政治生涯,专心从事教育和学术研究。1929年,梁启超因病在北京逝世。

梁启超是中国近代著名的思想家、政治家和文化领袖。他对于中国现代化运动做出了卓越的贡献。清王朝末期的腐败无能让他走上了探索中华民族的复兴之路。他主张继承和借鉴西方文明,提倡民主、科学、法制、教育等价值观念,提倡个人自由和平等,并在清末时期发起了改良运动,对中国的现代化进程产生了深远影响。与此同时,他对子女的教育非常成功,9个子女皆成才,他的教育理念为后代家庭教育提供了有益的借鉴。正因梁启超的个人成就与子女成功,他被称作"中国家教第一人"。

为"强国之梦"竭力呐喊

梁启超一生热爱祖国,具有深厚的爱国情怀。他致力于改造中国社会,为"强国之梦"竭力呐喊,付出毕生心血。他写下了的《新民说》《少年中国说》等著作,将爱国情怀深深扎根在一代代中国青年心底。

不论梁启超的思想如何转变,民族大义、社会责任、仁爱之心始终是其底色,而这与其祖父的教育方式密不可分。梁启超在《三十自述》中,对其祖父的教育方式描述道:"授《四子书》《诗经》,夜则就睡王父榻。日与言古豪杰哲人嘉言懿行,而忧喜举亡宋、亡明国难之事津津道之。"祖父梁维清不仅要求梁启超在书本上有所感悟,也重视对孙儿们"民魂"的培养,并通过言传身教的方式让民族大义、忠孝之道的种子在年幼的梁启超心中生根发芽。

做人比做学问更重要

在梁启超幼时,父母除了督促他读书以外,同样重视对他为人方面的教导。6岁时,梁启超为一件小事撒谎,被母亲发觉后,挨了十鞭子,并被告诫道:说谎是错上加错,有一天终会被发现,此后便将难以取信于人,人无信而不立。这一段教诲让梁启超铭记一生。而梁启超的父亲也要求他在读书之余参加田间劳动,言语举动要谨守礼仪,如果违反了家风、礼节,他一定严厉训诫。他对梁启超说得最多的一句话就是:"汝自视乃如常儿乎!"此语梁启超毕生不敢忘。因此,梁启超时刻谨记父母的教诲,"勿以善小而不为,勿以恶小而为之",将"做人"二字看得尤为重要,一生为人率真、待人诚恳。

趣味是人生的原动力

梁启超从小读的是四书五经,接受的是中国旧式传统教育,却没有成为"腐朽的老顽固",而是涉猎广泛,在很多领域均有建树。这与梁启超推崇的"趣味主义"人生观是分不开的。梁启超在《趣味教育与教育趣味》一文中谈道:"假如有人问我:你信仰的什么主义?我便答道:我信仰的是趣味主义。有人问我:你的人生观拿什么做根柢?我便答道:拿趣味做根柢。我生平对于自己所做的事,总是做得津津有味,而且兴会淋漓。"《世说新语》有云:"人生在世,兴起而至。"因此,梁启超认为,趣味是人生根底,没趣便不成生活。那么何为"趣味"?梁启超反对以道德观来绑架和裹挟趣味,他认为凡是可以光明正大见人的、不伤害别人的趣味项目,均为上等趣味,反之则为下等趣味。梁启超更是身体力行地践行自己的"趣味主义"。例如,在研学过程中,梁启超以兴趣为动机,因此学术兴趣点时常转换,让他成了一位百科全书式的人物。

在教育子女的过程中,梁启超更是注重趣味性。梁启超认为:"趣味是教育的目的而非手段,教育不可以摧毁趣味,只有有趣味的教育才能使教育变得圆满,才能使人受益终生。"梁启超曾在女儿梁思庄选择专业方向之际,给女儿写信说,现代生物学是中国目前的空白,建议选择这个专业。但梁思庄对生物学却没有太大兴趣,学起来很吃力。了解到女儿的状况后,梁启超马上写信纠正说:"我所推荐的学科未必合你的式,你应该自己体察做主,不必泥定爹爹的话。"这让梁思庄得到鼓励,重新选择图书馆专业,最终成为我国图书馆学方面的重要学者。

父母是孩子最好的老师

爱国主义教育

爱国主义教育的核心是培养孩子正确的价值观,帮助孩子了解自己民族的文化和历史,培养孩子的责任感、增强文化自信、坚定民族团结和弘扬正能量,增强凝聚力,促进全体人民的全面发展和社会进步。我国教育专家陈鹤琴曾如此评价爱国主义教育之于家庭教育的重要性:"造成少年中国的责任则属今日之父母,做父母的能够教育小孩子,而小孩子能够从小学好,则少年中国,即在其中了。"

梁家的爱国主义教育也是世代相传。祖父梁维清自梁启超年幼时便给他讲述中国古代忠臣的爱国事迹,此后,梁启超在教育自己子女的过程中也十分注重爱国教育。梁启超常给子女讲述中国爱国志士的感人故事,培养孩子们的民族荣誉感;在子女出国求学后,梁启超也常在家书中和孩子们探讨时事政治,培养他们的社会责任感。他曾在给子女的一封家书中说道:"人生在世,常要思报社会之恩,因自己地位做得一分是一分,便人人都有事可做了。"在此种家庭教育背景下,梁启超的所有孩子们都自觉肩负起了振兴中华的责任。

思想品德教育

孔子曰:"知者不惑,仁者不忧,勇者不惧。"人的品德和思想决定了他们在社会中的行为和态度。如若将教养观念仅限于教孩子读书写字上，而忽略其他方面的培养，难免有失偏颇。梁启超倡导教育改革，提出了"德育为先"的教育理念，主张培养具有高尚品德和优良道德的人才。他强调人格教育和德育教育，认为培养学生的品德和道德修养比追求成绩更为重要。一个人的成功不仅取决于他所掌握的知识和技能，更取决于他的品行和道德素质。梁启超在教育自己的孩子时也十分注重培养其高尚品格和优良道德，而不是单纯地追求学业成绩，他注重为子女们灌输正义、公正、勇气等道德观念，帮助他们形成正确的价值观和道德修养。

现代社会正面临着知识更新迅速，技术不断革新，人际关系复杂多变等一系列复杂的挑战和问题。因此，家庭教养观念必须超出传统的"读书写字"教育，注重对孩子的思想品德教育。父母需要警惕功利主义，要向孩子传授正确的价值观和道德准则，培养孩子的良好品德和道德意识，帮助他们建立正确的世界观和人生观。这些价值观和道德准则将影响孩子的日常行为、决策和与他人交往的方式，从而帮助他们成为积极、有责任感和有同情心的人。此外，思想品德教育也可以帮助孩子发展自我意识、自尊心和自信心，从而促进他们的个人成长和全面发展。思想品德教育还能促进家庭成员之间的交流和理解，增强亲子关系，让家庭更加和谐美满。

趣味教育是内核

趣味教育以人的个性心理特征为主导，强调寓教于乐、寓教于情、因材施教、分类教育、个性发展和自主教学。趣味教育不仅强调传授知识，更注重培养孩子的思维能力、创造力、实践能力和团队协作精神等综合素质。

梁启超认为，教育的内核应该是开放和自由，学生应该有选择自己所学内容的权利。父母应该让孩子在轻松有趣的环境中进行学习，体验到学习的快乐，从而提高他们的自信心和积极性，激发他们自我发现和自我探究的欲望，长期保持学习的热情和自主性，从而更好地完成学习目标。在这种教育过程中，父母与孩子在快乐中共同学习，也能促进亲子关系的建立和加深。让孩子在轻松、愉快的氛围中感受到学习的快乐，能达到更好的教育效果。

但有些家长在教育子女的过程中过于注重成绩，忽略孩子的兴趣、特长和个性化发展需求，忽视对孩子思维能力、综合素质和道德素养的培养，把孩子塞进现成的模板中，孩子无法按照自己的兴趣和特长进行学习和发展。这样的教育方式导致孩子缺乏独立思考的能力和对复杂问题的处理能力，限制了人才的培养和社会的创新发展，对个人和社会的长远发展都产生了不利影响。而趣味教育可以克服传统教育方法的缺陷，激发孩子的学习兴趣，改善家庭关系，提升认知能力，培养社交技能，塑造良好品格，为孩子未来的发展打下基础。

第五章

章太炎 ▶ 教书育人，太独必群

幻想破碎，教书育人

怪诞傲慢，不合时宜

章太炎（1869—1936），初名学乘，字枚叔，后改名绛，学名炳麟，号太炎，浙江余杭（今杭州市余杭区）人。章太炎出身书香之家，从小就接受系统的文字音韵学教育，博览群书，后师从朴学大师俞樾系统学习了历代历史典籍；25岁就写成了四卷本的读书笔记《膏兰室札记》；广泛涉猎经学、哲学、文学、语言学、文字学、音韵学和逻辑学等领域，造诣深湛，著述颇丰，最终成为一代儒宗。世人对章太炎的评价很多，但让他与众不同的有两个，一个是"疯子"，另一个"朴学"大师。"疯子"是指他行为怪诞傲慢，不合时宜；而"朴学"则是指他承袭了戴震、顾炎武和王夫之等人的思想，体现了儒学经学中古代质朴之学。

章太炎的一生经历了戊戌维新改良运动和资产阶级民主革命两个历史时期。其早年思想主要受西方近代机械唯物主义和生物进化论的影响。在他的著作中可以看到对西方哲学、社会学和自然科学的新思想、新内容的阐述。尤其在《訄书》中，他提出了"精气为物"的理念，认为人体健康与充沛的精气息息相关，"其智虑非气"。同时，他明确否定了天命论的教说，宣称"若夫天与上帝，则未尝有矣"，充分体现了其自由意志和个体能动性。

革命儒生

章太炎不惧权贵、特立独行，是中国近代史上著名的民主革命家。章太炎的民主革命思想根植于对清朝腐败统治的强烈抵触。其外祖父常为其讲述明末清初思想家顾炎武、王夫之等人的事迹。此后，章太炎又读了《东华录》，从中知道了在清王朝统治中受到迫害的吕留良、曾静等人的事迹，形成了对清朝专制统治的批判意识，奠定了他民主革命的基本立场。1894年，中日甲午战争爆发，章太炎走出书斋，在《时务报》担任编辑，为维新变法造势。维新变法失败后，章太炎遭到清廷通缉，被迫流亡台湾。

百日维新的失败让他意识到维新变法无法帮助中国走出困境，于是开始寻求救亡图存的新道路。1900年6月，八国联军入侵北京，慈禧挟光绪逃往西安。不久后，清政府代表李鸿章便与英、美、德、法等11个国代表签订了丧权辱国的《辛丑条约》。这彻底击碎了章太炎对清廷的幻想,他在上海剪辫明志,公开表明自己的反清立场,完成了从维新派立场到革命派立场的转变。

此后,章太炎又在自己出版的《訄书》中对中国的"天谴观"和"天命观"进行批判,并给学生出作文题目《李自成、胡林翼论》。这一系列无视君权的做法让章太炎再次遭到清政府的缉捕,被迫流亡日本,后与孙中山结识,加入同盟会。1903年,章太炎因发表《驳康有为论革命书》,并为邹容《革命军》作序,彻底触怒清廷,被捕入狱。这是章太炎第一次入狱,他在狱中备受折磨,但革命意志依然坚强如钢。

1906年,章太炎出狱后东渡日本,并担任中国同盟会机关报《民报》的主编,以激烈而睿智的文风进行革命宣传。而后,清政府通过外交运作,让章太炎在日本被捕入狱。这是他第二次入狱。民国成立后,袁世凯试图建立独裁统治,偷窃民主革命成果。章太炎公开反对,被袁世凯软禁于北京。晚年的章太炎虽退居书斋,但仍然关注时事。1931年,日本关东军发动九一八事变;1932年,日本再度挑起事端,侵略上海,驻上海的十九路军奋起抵抗。章太炎听闻拍案而起,奔波于京沪间,呼吁全国各界团结抗日。

章太炎的民主革命思想来源于对清朝专制腐败统治的抵触、对维新变法失败的反思以及对国家与人民前途的思索。他的思想为中国近代民主革命提供了坚实的理论基础,培育了一批忠诚的革命者,并为中国历史进程中的现代化和民主化做出了杰出贡献。他的爱国情怀与革命精神激励着中国人民为追求自由、平等、民主和独立而奋斗。鲁迅先生曾评价："考其生平，以大勋章作扇坠，临总统府之门，大诟袁世凯包藏祸心者，并世无第二人；七被追捕，三入牢狱，而革命之志终不屈挠者，并世亦无第二人。这才是先哲的精神，后生的楷模。"

教书育人

除了致力于变革，章太炎在教书育人方面也展现了卓越的才能。章太炎将教书育人视为拯救国家的重要途径，他注重传承和弘扬中国传统文化，并将国学作为辨明中外之别的工具。他教书育人的目标是让国人了解中国的优秀之处，提升民族的自尊和自信。流亡日本期间，章太炎在东京创办了国学讲习会，设立了不同科目的课程，为渴望学习的学生提供了宝贵的平台。后来，在周树人和其他学生的请求下，他额外开设更多的课程，给予学生更多的学习机会。他常在自己的住所内为周树人、许寿裳、钱家治以及其他学生上课。师生们围坐一堂，共同学习课程。

章太炎逐字讲解，有时借旧说法，有时发挥新意义，使原本枯燥的学习充满趣味。他对权贵不屑一顾，但对待学生却极其友好随和。从日本回国后，章太炎继续致力于教书育人，并创办了章氏国学讲习会，主讲《小学略说》《经学略说》《史学略说》《诸子略说》和《文学略说》等课程。尽管身体每况愈下，但章太炎仍旧坚持亲自讲课。章太炎逝世时，周树人写下两篇文章纪念，以表达自己对恩师的感激之情。

章太炎在教育方面的影响力超越了传统大学教授的范畴,他以卓越的学识和精湛的教学方法吸引了众多学生。尽管他一直未曾正式担任大学教师,但他成了"大师们的老师"。他苛求自身的学问标准,但却对学生极富耐心、悉心传授。他将教育事业视为救国的重要使命,以国学为基础,传承和弘扬中国优秀的文化传统,并启发学生的探索精神和思辨能力,培养了一批才华出众的学子,使他们成为有益于国家和社会的栋梁之材。

章太炎的教育理念和实践不仅对当时的学生产生了深远的影响,也为后来的教育工作者树立了榜样。他所创办的国学会和国学讲习会,也为中国教育事业的进步做出了重要贡献。总之,章太炎是中国近代教育领域中不可或缺的先驱者。他的教书育人之道将继续激励着当代教育工作者,以其为楷模,为中国教育事业的进步做出更大的贡献。

大独必群,真正的隐士必然积极入世

章太炎是那个时代罕见的具有独立意志和思想的批判者,他的特立独行是对于有违民族大义和民主自由思想的政治阴谋和社会乱象的批判。章太炎在自己的著作《独居记》中提出了"大独必群"这一思想准则,告诫人们不要与自私利益导向者同流合污,要倡导个体的独立思考和行动,并坚信这种

"独"终将融入群众中去,成为社会主流。

清朝末年,封建落后成为限制中国走出困境的根本问题。在大部分知识分子选择顺应时势之时,章太炎却决定挺身而出。维新变法期间,章太炎是张之洞的秘书,帮着张之洞办《正学报》,推动维新变革。维新变法失败后,张之洞转变立场,创办《楚学报》以讽刺维新运动,迎合慈禧。而此时的章太炎作为主编,却在报纸上发表了大量反清的文章。章太炎的特立独行有时带有一定的孤立性,但这并不能否认他对正义和真理的坚守。这是一种敢于直面现实、挑战权威的反抗行为。同时,章太炎在为人处世上也展现出了特立独行的品质。

章太炎曾与康有为、梁启超等人关系密切,但当康梁二人的思想偏离正道、趋向立宪保皇之时,章太炎毫不犹豫地与康梁改良派决裂。当时,康有为和梁启超正在海外组织保皇党,试图获取华侨的全力支持。他们认为中国国力衰弱的原因主要在于慈禧太后一人,对光绪皇帝则高度推崇。而章太炎对此并不以为然,提出"所谓新政者,亦任其迁延堕坏而已"。他主张通过推翻清朝的统治来使中国成为一个现代民主国家。章太炎对清王朝和光绪皇帝的抨击让其恩师俞樾也大为气愤,斥骂道:"……背父母陵墓,不孝;讼言索虏之祸,毒敷诸夏,与人书指斥乘舆,不忠。不孝不忠,非人类也。小子鸣鼓而攻之可也。"章太炎没有改变自己的立场,而是转身写下了《谢本师》一文,宣布与恩师脱离师生关系。

章太炎的特立独行在当时的中国社会引起了不小的争议

和误解。有些人认为他态度反复，缺乏坚定的原则，甚至是投机取巧的表现。然而，这种看法忽略了章太炎对于正义与公平的不懈追求，以及时势和目标变化下所作的合理调整。他在维护民族大义和追求进步的过程中可能会改变立场，但他始终坚守自己的信仰，以确保最终实现社会的进步和民众的福祉。他的批判和抗争绝非纯粹个人的狂妄，而是为了推动社会的变革和民族的崛起，他始终保持对国家和人民利益的忠诚。因此，章太炎对封建弊端的批评和反抗，对传统观念的挑战与冲突，对自己内心的坚守都与他"大独必群"的主张不谋而合。

章太炎非常重视历史教育，主张以史育人。"一个民族、一个国家，必须知道自己是谁，是从哪里来的，要到哪里去"。他提倡历史教育不仅要让学生了解历史事件本身，还要能深入思考历史产生的原因和影响，以培养批判性思维，成为具有独立思考能力的公民。同时，他认为历史教育是塑造国家和培养国民意识的重要手段，主张将历史教育纳入国民教育体系，通过历史知识的传授和历史思维的培养，塑造公民的国家认同感、责任感和参与感，增强民族自信和文化自信。习近平总书记也一向强调历史知识的学习和历史思维的培养在青少年教育中的重要性。他指出："中华民族在几千年历史中创造和延续的中华优秀传统文化，是中华民族的根和魂。要把我国历史文化和国情教育摆在青少年教育的突出位置，让青少年更多领略中华文明的博大精深，更多感悟近代以来中华民族救亡图存、发愤图强的光辉历程,更多认识新中国走过的不平凡道路和取得的巨大成就。"

家庭是孩子最早、最亲密的教育环境,在家庭教育中进行历史教育具有重要的意义和价值。首先,学校的历史课程通常只涵盖了一部分历史事件和人物,而家庭历史教育可以通过丰富的资源和亲身体验,让孩子接触到更多的历史信息。家长可以为孩子提供适合年龄的历史书籍、纪录片、博物馆参观等资源,让他们了解不同历史时期和文化背景下的故事和事件。这样的资源将开拓孩子的历史视野,培养他们对世界的综合性理解。其次,历史是复杂的,其影响无法一概而论。在家庭教育中,父母可以引导孩子进行批判性思考,了解历史对于不同人群的影响和解读。家长应鼓励孩子提出问题、质疑观点,并引导他们进行历史事件的批判性思考。讨论历史事件的背景、原因和影响,培养孩子分析和评估信息的能力。这样的实践将培养孩子的逻辑思维和问题解决能力,使其成为有独立判断力的历史观察者。同时,历史与现在、将来是密不可分的,家庭教育中的历史教育应该帮助孩子认识到历史与当前社会现实的关系。家长可以与孩子一起探讨历史经验对于理解现代世界和面对今天重要性。通过思考历史教训如何应用于现实情境,孩子将能够形成对历史意义的更深刻理解。历史是一个民族安身立命的基础,历史教育无论在哪个时期都是一项重要的教育任务。通过历史教育,我们可以帮助孩子们成长为具有深邃历史认知和全面发展的个体。

常识教育与个性发展

化繁为简,常识教育

章太炎主张常识教育,即基础知识的教育。他将学问分为基础知识和应用知识两类,强调基础知识的学习是学生发展的根本。对于基础知识,他特别强调语言文字学和算学的重要性,这是从事社会工作的前提。同时,章太炎还强调常识需要创新,即每一代都应该在常识上不断增进,社会才能更好地向前发展。此外,他还提倡将知识化难为易,化繁为简,帮助学生轻松理解和掌握常识。家庭教育是儿童成长过程中最早、最基础的教育形式。通过家庭教育提供丰富的常识教育,可以帮助孩子打下扎实的基础,提升他们在学校和社会生活中的综合素养,提高孩子的社会认知和实践能力,培养他们的创新思维和问题解决能力,为他们未来的职业发展奠定坚实的基础。

要在家庭教育中进行常识教育,家长需要采取一些具体的措施。首先,家长应该注重培养孩子对阅读的兴趣。阅读是获取知识的重要途径,通过大量的阅读,孩子能够丰富自己的常识储备。家长可以向孩子分享读书的乐趣,讨论书中的故事情节和人物,培养他们对文字的理解和表达能力。其次,在家庭中,孩子会接触到各种各样的问题和情境,家长可以抓住这些机会引导他们思考和学习。例如,在做饭时,家长可以向孩子解释食材的特点和烹饪过程中的变化;在购物时,介绍不同商品的功能和用途;在旅行时,讲解历史文化知识等。通过将常识教育融入日常生活中,可以增加孩子对知识的兴趣和理解。此外,在进行常识教育时,家长还需要关注教育方法和内容的更新与创新。随着社会的发展和科技的进步,知识是不断增长和变化的,家长需要及时了解并传授最新的常识知识给孩子。同时,也要注重引导孩子通过多样化的学习途径获取常识,如利用互联网资源、参加在线学习平台等。

章太炎的常识教育理念提倡将基础知识教育作为全面发展和终身教育的基础。在家庭教育中,进行常识教育能促进孩子的智力和道德品质的发展,并培养出具备批判思维和问题解决能力的终身学习者。

主张发展"个性"的奠基人

章太炎是中国近代"个性"价值的奠基者。他从民主革命的思想出发,提倡发展人的个性。他认为社会由个人构成,只有充分发挥个性,才能推动社会整体的进步。这种观点在当前的素质教育中得到广泛认可,我们应该重视学生的个性差异,因材施教,让每个学生都有机会发展自己的潜力和特长。关注个性发展可以帮助学生形成独立思考的能力,培养创新和问题解决的能力,以及适应社会变革的能力。父母在家庭教育中注重孩子的个性发展,可以让他们在家庭中感受到尊重和理解，培养自信心和积极进取的态度；也有助于引导孩子树立正确的价值观和人生观，使他们能够更好地面对挑战和困难。每个孩子都是独特的个体，有着不同的兴趣、才能和喜好。家长要尊重孩子的个性特点，不要过分强化传统的期望和规范；应该耐心倾听孩子的心声，理解他们的兴趣和需求，并鼓励他们发展自己的个性特长。

此外，家长也可以通过提供多样化的学习和体验机会，促进孩子的个性发展。例如，可以鼓励孩子参加各类兴趣班、社团活动或冬/夏令营等，让孩子接触不同领域的知识和技能，培养他们的兴趣爱好，并且拓宽他们的眼界；还可以鼓励孩子尝试新事物，让他们在学习中不断探索、成长和发展。最后，个性发展不仅仅关乎技能和才能的培养，更重要的是培养孩子的道德品质和社会责任感。家长也要通过言传身教，引导孩子树立正确的价值观和行为准则，并给予他们道德的指导和关怀，以培养他们健康、全面发展的个性。

章太炎的个性发展教育观念对我们理解和实践教育都有一定的启示作用。通过注重孩子个性发展，我们可以为他们提供更好的成长环境，帮助他们形成独立思考和创新能力，并最终培养出具有积极人生态度和社会责任感的个性健全的孩子。这需要家庭教育与学校教育、社会教育紧密合作，共同促进孩子的全面成长。

自我的坚忍不拔与对他人的人格影响

章太炎遭到多次缉捕和入狱,但其革命意志从未动摇。他经历多次被迫害和软禁,却从未屈服,依然关注国家命运并为实现民主共和而努力。其不折的风骨让后人深感敬佩,而这与其良好的家风密切相关。章太炎的哥哥章箴为官时深受上级赏识,后被举荐为州县吏。但章箴深谙清末官场的腐败,拒绝出任。他还告诫章太炎:"圣贤难几也,士君子不敢不勉也。"正是在这样的家风熏陶和言传身教之下,章太炎在挫折、流亡和迫害中锻炼出了坚忍不拔的意志。他不畏权势与胁迫,用一生践行自己的爱国之志,影响了黄侃、钱玄同、周树人、周作人等众多门生。

面对日益复杂和竞争激烈的社会,孩子在成长过程中难免会遇到挫折、困难和压力。培养他们坚忍不拔的品质可以帮助他们正确应对这些问题,并在逆境中保持积极向上的态度。

家庭是孩子最早接触和模仿的环境,父母的行为和态度会深深地影响孩子的价值观和品质。因此,家长应该自己保持坚忍不拔的品质,并通过言传身教向孩子传递这一价值观。在生活中,家长也可以有意识地为孩子设置一些适度的挑战,让他们去克服困难。这能够增强孩子的意志力和抗压能力,培养他们面对挫折时不退缩的品质。例如,可以给孩子布置一些有一定难度的任务,如参加舞台表演、挑战学习某种技能等。家长要鼓励孩子勇敢尝试并持之以恒,在孩子面临困难时提供必要的支持和指导。

第三篇

人生长河：山山而川与迢迢其泽

成功的意义应该是发挥了自己的所长,尽了自己的努力之后,所感到的一种无愧于心的收获之乐,而不是为了虚荣或金钱。

——罗曼·罗兰

本篇立足家庭教育的人生维度,从"刘文典:魏晋风骨,师者异类""吕思勉:寓教于乐,发展天性""钱穆:家学渊源,创新传承""王国维:有我之境,无我之境"和"王力:事业家庭,兼爱兼成"五个案例着眼,梳理国学家们是如何把家庭当作子女人生旅行的起点和人生教育的第一课堂,为子女拥有完满人生做准备的。他们既为子女独立人格和品格打下基础,也为子女的人生发展作指引,让子女有能力走好人生路。

第一章

刘文典 ▶ 魏晋风骨，师者异类

校勘大师，拜师儿时

刘文典(1889—1958)，原名文聪，字叔雅，安徽合肥人，中国教育学家、文史大师。刘文典出生于商贾之家，其父十分重视子女教育。刘文典年幼时就开始阅读中国传统经书；十多岁时，又跟着基督教会医院的美国院士学习英文。因此，刘文典早早便感受到了中西方思想文化的碰撞。15岁时，在新思潮的影响下，刘文典赴芜湖入读安徽公学，师从刘师培、陈独秀。18岁时，刘文典加入孙中山领导的同盟会，因怕连累家庭，此后便改名为文典。后来刘文典又远赴日本求学，师从国学大师章太炎。辛亥革命爆发后，刘文典回到上海，致力于在中国推广民主政治思潮。后因袁世凯窃取辛亥革命的成果而遭到迫害，被迫流亡日本。1916年，袁世凯去世后，刘文典再次回国，但此时他已对国内政治现状深感失望，转而专心从事学术研究，并最终成为一代校勘大师。

1916年到1927年，刘文典在北大任教，期间发表了《近世思想中之科学精神》《叔本华自我意志说》《佛兰克林自传》《美国人之自由精神》等著译，并出版了《淮南鸿烈集解》《三余堂札记》等著作。此后，又历任省立安徽大学校长、清华大学国文系主任。在清华大学任教期间，刘文典完成了《庄子》《说苑》等古籍的校勘工作。抗日战争爆发后，刘文典辗转至云南，任教西南联大。抗日战争胜利后，刘文典留任云南大学，终生从事古籍校勘及古代文学研究和教学。1958年，因突发急症，于昆明逝世。刘文典博古通今，学贯中西，且治学方法严谨，强调学术研究的应用价值和中西学术的融会贯通，对中国传统国学的发展做出了重大贡献。

民国"狂人"，卓尔不群

青年时代之离经叛道

1906年，受新思潮影响的刘文典离家前往安徽公学就读，而彼时陈独秀、刘师培等人正任教于此校。陈独秀无视传统教育观念，上课不拘小节，甚至一边上课一边挠痒；至于所谓的纲常名教、师道尊严，他更是统统不放在眼里，并鼓励学生突破旧有思维框架，更时常对学生们"离经叛道"的想法赞赏有加。在陈独秀这种前卫的教学态度的影响下,刘文典彻底摆脱了封建束缚,成为一名拥护民主自由的思想家;同时加入同盟会,走上了反封建、反帝制的革命之路。除了陈独秀带来的思想启迪外,刘文典此后能成为一代国学大师,与刘师培的栽培密不可分。刘文典从小就在父亲的要求下阅读传统经书,刘师培很快便发觉了刘文典优秀的文学功底,此后有意栽培。刘师培还给刘文典提供了校勘古籍的工作机会。在刘师培的指点之下,刘文典开始研究和学习这些典籍,这为刘文典此后走上国学之路,打下了扎实的基础。

赴日留学,卓尔不群

除了陈独秀和刘师培外,还有一人对刘文典影响深远,那便是章太炎。安徽公学之后,刘文典远赴日本求学,就读于早稻田大学,师从章太炎。章太炎是民国时期著名的"疯子",刘文典"狂妄"的文人风骨便是"继承"于章太炎。

章太炎和刘文典被世人视为"疯癫"或"狂妄"之人,但这是源于他们的革命思想,更是他们抗争当时腐朽社会的方式。1933年,长城抗战爆发。尽管革命军英勇抵抗,但由于装备太过落后而最终失败,伪满洲国就此成立。刘文典对此感到痛心,夜以继日地查找并翻译相关资料,每次上课前便向学生介绍时局,以揭露日本侵略中国的野心。而当七七事变爆发时,刘文典因故未能及时撤离北平。周作人便多次邀请他出任伪职,统统遭到了刘文典的严厉拒绝。1938年,刘文典毅然决定前往昆明的西南联大任教。在西南联大任教时,住处离校较远，需每天步行前往，途中更是随时可能遭到日本飞机的轰炸；但国难当头，刘文典不畏炮火，从不缺课。九一八事变至抗战胜利期间，他发表了无数的时评和诗文，深入分析了日本军国主义的历史来源和侵略性质，呼吁国人迅速觉醒。他坚守国家民族大节，绝不屈服于淫威，这种精神和姿态正是中国知识分子一贯注重气节操守的体现。

治学理念之"慎"与"勤"

"慎"与"勤"是刘文典治学精神的核心。刘文典做学问十分严谨、重视证实，无论是校勘古籍还是校对工作，都必须考证每个字的来历。其学生张文勋在回忆录中写道："刘文典先生常说，读古书，做学问，有三大忌：一是望文生义，二是似是而非，三是凭空臆断。做校勘犹忌此三者。"刘文典丝毫不敢怠慢自己的工作。在给胡适的信中，刘文典说道："弟目睹刘绩、庄逵吉辈被王念孙父子骂得太苦，心里十分恐惧，生怕脱去一字，后人说我是妄删；多出一字，后人说我是妄增；错了一字，后人说我是妄改，不说手民弄错而说我之不学，所以非自校不能放心，将来身后虚名，全系于今日之校对也。"刘文典更是花费了约16年时间才完成《庄子补正》。"一字异同，必求碻诂""一字之微，征及万卷"，这便是刘文典严谨治学精神的体现。

刘文典还深入研究学术知识，在治学上非常勤奋。在校勘《淮南子》时,需要查阅《道藏》典籍。刘文典得知北京白云观珍藏着明正统年间刊印的《道藏》一部,便决定前往查看。为了能有更好的研究环境,他更是决定住进白云观。据其次子刘平章回忆,刘文典为了能静心研究学问,总在夜里看书写作,直到第二天早上才睡觉,十分辛苦。而当时北大规定,教授任期满5年可以出国休假,刘文典便在休假期前往日本查找资料。刘文典一生致力于学术,其成就是他对待学术态度的体现。他的故事向后人昭示了持之以恒、执着不懈的精神和探索的重要性,只有如此,方才能够成为优秀的学者。

家庭教育,起于细微

担当精神

家庭教育中,父母不应只注重孩子的知识学习和行为规范,还应培养孩子的担当精神。刘文典并非只关注学术研究,更具有强烈的民族忧患意识,还鼓励自己的儿子也承担起时代责任,积极参加爱国抗日活动。他不是"独善其身",而是"兼济天下"。他的遗产不仅是学术著作,更是勇往直前、心怀天下的担当精神。担当,是一种责任感、勇气和使命感的体现,能够提升孩子的生活能力和社会责任意识,并且促进社会的持续发展。

在家庭教育中,父母可以通过各种小事逐步培养起孩子的担当精神。例如,父母可以让孩子适当地参与家庭事务,并承担一些自己能力范围内的任务,如照顾宠物、整理自己的房间等。在孩子完成任务后,父母需要对孩子给予适当的肯定,激发其责任感。其次,父母需要引导孩子积极面对挑战和困难。比如孩子遇到麻烦或困难时,父母不能为他们解决所有问题,而是要引导他们思考、分析,自己试着解决问题。这样才能够帮助孩子学会自主处理一些事情,并且也让孩子能够充满信心去面对未来的挑战。

另外,家长还可以鼓励孩子参加一些课外活动,如参加学校的社团、义工等,让孩子有更多机会展示自己的才能,从而增强自信心和责任感。最后,父母在培养孩子担当精神时,也要注重于以自己的言行举止及习惯,积极为孩子树立榜样,起到以身作则的示范作用。例如,父母也要在家庭生活中承担自己应尽的责任,如按时处理工作、物品维护等,让孩子从小接受家务分工,形成良好的家庭氛围。

总之,在家庭教育中,父母应该注重培养孩子担当精神,将责任感、独立思考和勇于面对挑战的品质培养到孩子的内心深处,让他们成为具有自主意识、责任感和创新能力的综合素质人才。通过这样的努力,我们相信能够让下一代更加勇敢、负责任,成为未来社会的中流砥柱。

执着精神

在家庭教育中,父母培养孩子执着的品质尤为重要。刘文典能取得如此巨大的学术成就,也不仅仅是因为对学术的热爱,更是因为他在研究过程中的执着精神。他勤奋刻苦、埋头苦干,利用毕生精力研究古籍,即使在生命的最后,还致力于杜甫的研究。他喜欢深入探究问题,并追根究底,一旦抓住了问题就会孜孜不倦地探究下去,拥有极强的专注力和执着精神。执着的品质是一种强大的内在力量,能让一个人坚定地践行自己的信念、不懈努力实现目标。这种品质能够让孩子在面对困难和挑战时保持积极向上的态度,对于孩子的成长和发展具有十分重要的作用。在家庭教育中,父母可以通过一系列措施培养孩子的执着精神。比如,父母可以帮助孩子制订短期和长期的目标,并教导孩子逐步制订实现这些目标的步骤。具体来讲,如果孩子想通过考试取得好成绩,父母可以与孩子一起制订学习计划,贯穿整个学期,以帮助孩子全面而渐进地完成学业。此外,当孩子朝着他们设定的目标努力时,父母需要及时给予他们支持和鼓励,这将有助于加强孩子的自信心和自我效能感。

同时,父母应该帮助孩子面对失败,引导他们从中吸取经验和教训,并激发孩子进行再度尝试的动力。目标有时会无法实现,但失败并不应被视为结束或无法克服。如果孩子在追求一件事情时遇到失败,父母可以加以安慰,提供指导和建议,鼓励孩子勇于面对困难,继续寻求解决方案,掌握相关的技能或知识,增强信心和能力。最后,父母是孩子最重要的榜样,因此父母应该身体力行地为孩子传递积极的行为和态度。例如,父母可以通过展示自己对工作、学习和生活的执着,以及在面对困难和挫折时坚持不懈的态度,来激励孩子不断向目标方向前进。在家庭教育中,父母培养孩子的执着精神,可以使孩子学会坚持不懈和克服困难的能力,并在未来的生活和事业中受益。

谦逊之道

在家庭教育中,父母还应当注重培养孩子的谦逊自省精神,这有助于孩子建立正确的人生观、价值观和世界观,促进孩子全面发展。尽管刘文典是民国著名的"狂人",连他自己都承认说:"我最大的毛病就是以己之长,轻人之短"。不过,在学问造诣超越自己的人面前,他则显得十分恭敬谦虚。例如,他十分崇拜国学大家陈寅恪先生,更是谦逊地表示,自己连陈寅恪的万分之一都不如。盲目自信与骄傲自满是很容易让一个人停滞不前的因素。如果孩子没有谦逊自省的精神,他们可能会只看到自己的优点和成功,而忽略了自己的缺点和失败。而培养谦逊自省精神则可以帮助孩子找到自己的不足,吸取教训,改进自己,从而实现自我升级,可以更好地适应社会。此外,谦逊自省的态度能够让孩子更好地理解和尊重他人,从而更好地与人交往。这种态度也让孩子更容易接受别人的批评和帮助,并从中吸取教训,不断改善自己的缺点和不足,成为一个更好的人。在家庭教育中,父母则可以通过引导孩子接受不同意见和批评,注重奖惩机制,以身作则等方式培养孩子的谦虚自省精神,帮助孩子养成健康积极的人生态度和成长习惯,帮助孩子成为一个更加成熟和优秀的人。

第二章

吕思勉 ▶ 寓教于乐,发展天性

广涉国学,终成一家

吕思勉(1884—1957),字诚之,江苏武进(今常州)人,中国历史学家,吕思勉6岁便开始阅读各种书籍;8岁阅读《纲鉴正史约》,与史学结缘;23岁起立志治史。1905年,吕思勉开始自己的执教生涯,先后在常州府中学堂、南通国文专修科、江苏省立第一师范学校等处教书。1926年,吕思勉任上海光华大学教授、系主任。

吕思勉的写作风格与时代潮流不同,他率先使用白话文写作,而其他国学、史学大家仍然沿用文言文。1921年由商务印书馆出版的《白话本国史》,是吕思勉先生的史学成名作,也是我国历史上第一部用白话文写成的中国通史。这部著作对历史研究方法和历史叙述方式产生了深远影响,为后来的历史学家提供了重要的研究思路和理论基础,开启了通史写作的新纪元。1951年,光华等高校调整合并为华东师范大学后,吕思勉也随往,任历史系教授,同时兼任上海历史学会理事、首届江苏省政协委员。1957年,在上海因病去世。

吕思勉治学严谨、勤奋博学,先后出版有《先秦史》《秦汉史》《两晋南北朝史》《隋唐五代史》等,另著有《中国民族史》《史通评》《燕石札记》等作品。著述总量超过一千万字。吕思勉的历史观念独具匠心,不以胜败论英雄,也勇于对历史记录中的疑点提出有力的质疑。吕思勉是史学界的巨匠,他的学生同样在史学领域有着卓越的成就,比如与其并称为"史学四大家"之一的钱穆、"中国现代语言学之父"赵元任、文学家黄永年等,都对中国史学研究产生了重大影响。吕思勉毕生致力于历史研究和教育等工作,为中国文化的传承和发展做出了重要的贡献。吕思勉曾如此评价历史:"历史是维新的证佐,不是守旧的护符。惟知道历史,才会知道应走的道路,才知道自己所处的地位,所当尽的责任。"吕思勉治学思想中蕴含的"维新"这一核心理念,也深刻地贯穿在他的教育观念中。

童年启蒙与毕生成长

童年启蒙

在吕思勉23岁立志治史时,已经遍读《四库全书总目提要》《日知录》《资治通鉴》等书,掌握研究史学、目录学的方法,并撰写了大量读书笔记,一生更是数次通读"二十四史"。同时,他紧跟学术前沿,对康有为、梁启超等人的著作非常珍视,同时还热衷于阅读最新翻译的国外学术书籍。吕思勉在大量阅读书籍的过程中,不断思考,自然而然地搭建起自己的史学框架。在《吕思勉谈读书治学》中,先生曾谈道:"读书是要自己读出门径来的,读个两三千卷书,自然有把握。"因此,吕思勉认为,读书没有捷径可走,更无模板可套用,书读得多了,自然就能摸索出适合自己的读书之道。长期的阅读积累和深入的思考,为吕思勉一生的著作打下了坚实的基础。

吕思勉之所以能静下心来遍读群书,与其童年时期的教育经历密不可分。吕家是书香世家,在父母的影响和指导下,吕思勉 6 岁就开始读经书,8 岁开始读史书,15 岁开始读正史。即使吕家后来家道中落而无力延师教授,其父母及姐姐依然亲自指导吕思勉阅读各种书籍。

与时俱进,而非故步自封

吕思勉虽然接受了传统学派的熏陶,但却与时俱进,思想新潮,成了进步的一派。吕思勉主张治学志在改革,坚决反对"把读书视为敲门砖"的这种科举时代的读书态度。他在《学制刍议续篇》中谈道:

"凡所讲习,都视为敲门砖,对于本身并无诚意。如此,自然说不上有兴趣,更说不上有热心,什么有用的好学问,在这态度下都断送了"。

吕思勉认为,改革是社会进步的根源,但改革只靠热情是远不够的,必须通过恰当的手段来获得——读书治学。他认为,没有改革的意愿,学问就只是一种形式主义的表现。因此,其在专心治学的同时,也经常思考社会问题,思索改革的方法,写了大量倡议改革的时论性文章。如吕思勉曾在《中国通史》中提出他关于女权主义的思考:

"近代女权的渐渐伸张,实因工业革命以来,女子渐加入社会的机构,非如昔日蛰居家庭之中,专做辅助男子的事情之故。……然则'女子回到家庭去'这口号,当然只有开倒车的人,才会去高呼了。人家都说现在的女学生坏了,不如从前旧式的女子,因其对于家政生疏了,且不耐烦。殊不知这正是现代女子进步之征兆。"

吕思勉认为,中西文化各有千秋,应该在相互尊重和包容的基础上,进行融通和交流,实现文化多元共存。他主张在中西文化的交融中寻求文化创新和发展,吸收西方文化的先进经验和科学技术,同时保持中华文化的独特性和传统价值,避免盲目西化或保守主义。吕思勉先生从未上过新式学堂,亦无留洋经历,从始至终接受的都是中国传统经学教育,但却没有成为故步自封的人。这与吕思勉青少年时期,清末危亡之际所进行的一系列教育改革和思想变革有关,其中以梁启超对其影响最为重大。

吕思勉后来在《辨梁任公阴阳五行说之来历》中回忆道:"予年十三,始读梁先生所著《时务报》。嗣后除《清议报》以当时禁递甚严,未得全读外,梁先生之著述殆无不寓目者。粗知问学,实由梁先生牖之,虽亲炙之师友不逮也。"因此,吕思勉的思想并不固守与传统国学,而是以一种开放的姿态接受外来成果和先进思想,采用了鲁迅所说的"拿来主义"。吕思勉的史学底色虽然来源于传统学术,但由于接受了西方新学说,融合了先进的科学理论,最终打破了中式传统学术的壁垒,成为 20 世纪的新史学大师。

远离名利,固守本色

吕思勉一生远离"名利之私",认为有志于学问者,当绝去名利之念,如此,才可以做一个"真正的学者"。1940 年前后,汪伪报刊以丰厚稿酬向吕思勉约稿,但吕思勉却不为所动;而此时,上海一家抗日报纸也向吕思勉约稿,吕思勉则爽快回应:"即使不给稿费,我也写!"对于当时日寇在上海发放"良民证"和要求领证人摁手印的做法,吕思勉也极为愤慨,认为此举有辱国格和人格,拒不领证。恰逢此时,家乡常州沦陷,不愿在敌伪学校任职的教师们,拟在常州乡间筹办学校,并邀请吕思勉、吕翼仁父女回家乡任教。吕思勉认为"乡间的学校,宗旨尚属纯正",便回到常州乡下教书。

吕翼仁在《先父吕思勉在抗战中的生活片断》一文中回忆:"父亲和我在上海不是无业可就,是不愿意就,所以回常州教书,首先考虑的是学校的立场,不能同敌伪有任何关系;其次是教薪,不能以伪币支付。"

吕思勉一生固守本色,远离名利之私,既有家国情怀,也重君子之交,成就了他坚定的民族气节。此种精神境界源于其童年所受的家庭教育。吕思勉4岁时,父母就曾为其讲述外曾祖母绝不取非分之金之事。吕思勉在《先妣行述》一文中记其事曰:"外曾王父早世,家贫有子四人,外曾王母抚之以立。尝因葺屋掘地,得金一船,外曾王母祝而埋之曰:无劳之赐,义不敢受……"吕思勉的外曾祖母意外发现大量钱财,却分文未取,坚持"非己之利,纤毫勿占;非己之益,分寸不取"。后来吕思勉又以此事教育女儿。《吕思勉先生年谱长编稿》记载其女吕翼仁的回忆道:"他(父亲)对我讲外高祖母不妄取藏金的故事,我也在髫龄,我也知道他不是随便讲的。我每想到父亲这些遗训,就不由得如临深渊,如履薄冰了。"正因为从小便接受了此种观念,吕翼仁在父亲去世后,便将父亲的公寓归还给上海市高教局,这正是吕家远离"名利之私"家风的延续。吕思勉不仅留给了后人丰富的史学遗产,还留下了他的道德风范、赤诚的爱国主义精神,以及对民族的深切关怀。

尊重孩子个性与自我价值实现

博览群书是立身之本

要让孩子多读书,读好书。阅读对孩子来说是一种认知世界的方式,可以培养孩子的想象力、创造力和批判性思维能力,增加对世界的理解和认识。通过阅读,孩子可以了解不同的文化、历史和社会现象,了解不同的人物和事物的特点和性质,从而拓宽自己的视野和思维。通过阅读,孩子的语言能力、思维能力和创造力也能得到提高。从初能读书起,吕思勉便系统阅读了《四库全书总目提要》中经、史、子三部与集部之半,做过六本札记。多读书、读好书还可以对人们的人格和品格产生积极影响。阅读优秀的文学作品可以培养人们的道德情操和人文精神,让人们更加关注人类的尊严和价值。可以发现,大部分的文人学者们往往不仅有扎实的文学素养,更是胸怀宽广、不计名利、德高品洁,有士人风骨。

教育不是求同,而是存异

要注重孩子个性的培养,帮助他们实现自我价值。蔡元培认为:儿童教育还需要尊重他们的个性,切不可像旧时的教育束缚其个性,摧残其身心。吕思勉从小受到了很好的个性化教育,他在执教生涯中,也非常注重学生个性化的培养,珍视学生的创新思维,教学形式不拘于泥。"史学四大家"之一

的钱穆还在常州府中学堂上学时,吕思勉正是他的地理老师,钱穆晚年曾在《师友杂忆》一书中回忆道:

"一次考试,出四题,每题当各得二十五分为满分。余一时尤爱其第三题有关吉林省长白山地势军情者。乃首答此题,下笔不能休。不意考试时间已过,不得不交卷。如是乃仅答一题,诚之师在其室中阅卷,有数同学窗外偷看,余不与,而诚之师亦未觉窗外有人。适逢余一卷,诚之师阅毕,乃在卷后加批。此等考卷本不发回,只须批分数,不须加批语。乃诚之师批语,一纸加一纸,竟无休止。手握一铅笔,写久须再削。诚之师为省事,用小刀将铅笔劈开成两半,俾中间铅条可随手抽出,不断快写。铅条又易淡,写不出颜色来,诚之师乃在桌上一茶杯中蘸水书之。所书纸遇湿而破,诚之师无法粘贴,乃以手拍纸,使伏贴如全纸,仍书不辍。不知其批语曾写几纸,亦不知其所批何语。而余此卷只答一题,亦竟得七十五分。"

尽管只答了一题,但钱穆却取得了 75 分的佳绩,因为吕思勉认为,钱穆的答题思维开拓,正确运用了史料,还有自己的创见,一点违规,无伤大雅。教育的目的不是要让每个人都变成同样的人,而是要发掘每个人的潜力,帮助他们发展自己的特长和兴趣,实现自己的人生价值。

公民教育是新内涵

在尊重儿童个性发展的同时，家庭教育也应承担起为国家培育新公民的责任，要培养孩子的社会责任感。社会并非无数独立个体的简单集合，而是一个相辅相成不可分割的整体，人的成长也是由自然人变为社会人的过程。试想，如果进行单向的个性教育，夸大个性发展，而忽视群体和集体教育，难免滋长唯我、自我倾向。社会是一个整体，人在社会中必定有不同的角色，也必定有不同的责任。培养孩子的社会责任感可以让他们更好地融入社会，发展健全自己的人格，从而更好地理解世界、认识自我，最终成为社会的有用之才。吕思勉的父亲不仅亲自指导他学习，也经常对他进行思想教育和品德教育。吕思勉的母亲也常常教导他要做一个有责任感的人。因此，吕思勉在做学问时，并非"两耳不闻窗外事"，反而对社会现状非常关切，还会进一步思考社会问题的根源，并积极呼吁社会改革，写了大量倡议社会改革的文章。因此，吕思勉不仅是一位思想家和文化名人，也是一位积极参与社会活动的公民，为中国的文化和社会进步做出了卓越的贡献。

总的来说，吕思勉自身所受到的家庭教育非常严谨、全面，不仅注重知识的传授，更注重品德的培养和文化的传承。这样的教育帮助他在治学过程中更好地理解和认识中国传统文化，最终成了一位杰出的学者。

第三章

钱穆 ▶ 家学渊源,创新传承

中学辍学,自学成人

钱穆(1895—1990),中国历史学家,江苏无锡人,字宾四,晚号素书老人、七房桥人。1960年,耶鲁大学把人文学名誉博士学位授予钱穆,他们这样评价说:"你是一个古老文化的代表者和监护人,你把东方的智慧带出了樊笼,来充实自由世界。"然而,这样一位史学大家,18岁便被迫辍学,中学未毕业,竟是自学成才。

钱穆7岁入私塾,开始学习中国传统文献典籍,13岁入常州府中学堂学习,18岁辍学自学,先后任教中小学18年。1930年后历任燕京大学、北京大学、清华大学、西南联大等校教授。抗战期间,撰写《国史大纲》,阐扬民族文化史观,以激发民众对本国历史文化的认同与情感。该书出版后,成为大学通用的历史教科书,被公认为中国通史中最佳著作。1949年迁居香港,创办新亚书院。1967年移居台北,任台湾"中国文化书院"(今"中国文化大学")教授、台湾"中央研究院"院士。1990年在台北逝世。1992年归葬苏州太湖之滨。著作辑为《钱宾四先生全集》,约1500万字。

钱穆毕生弘扬中国传统文化,高举现代新儒家的旗帜,在海内外产生了巨大影响。中国学术界尊之为"一代宗师",与吕思勉、陈垣、陈寅恪并称为"史学四大家"。其著述颇丰,专著多达80种以上。代表作有《先秦诸子系年》《中国近三百年学术史》《国史大纲》《中国历代政治得失》《中国历史精神》《中国思想史》《宋明理学概述》等。还出版多种论文集,如《中国学术思想史论丛》《中国文化丛谈》等。

深怀温情与敬意,未尝敢一日废学

走近钱穆,当从走近钱穆的书开始。钱穆一生以书为原点,在读、教、著三维空间里纵横驰骋,从无懈怠。钱先生在其《国史大纲》中提出:任何一国之国民,尤其是自称知识在水平线以上之国民,对其本国已往历史,应该略有所知。所谓对其本国已往历史略有所知者,尤必附随一种对其本国已往历史之温情与敬意。钱穆对中国历史文化的那份"温情与敬意""为故国招魂"的那腔热忱与志业,被演绎得荡气回肠,可歌可泣。

　　读书当如此。钱穆正是通过读书，漂亮地完成人生转身。他从18岁中学未毕业执教于乡村小学，到跻身当时最优秀的大学之一，站在燕京大学的讲坛上，钱穆以身体力行的姿态，不断读书，著作等身，并以坚定的读书理念，具体可行的方法、将阅读的习惯传承给他的孩子、学生。钱穆的读书经历不得不让我们感念：要让读书成为一个人终身学习的生活常态。

　　回首钱穆在乡村小学当教师的岁月，挥之不去的是那个读书静坐的身影。钱穆自承，在走进大学前的18年自学生涯中"未尝敢一日废学"，即使夏夜蚊虫甚多，他也不放弃，甚至想出了把双脚纳入瓮中防叮咬的办法。对于读书，更有自成一体的"钱穆读书法"：必从头到尾通读全书，不抽读，不翻阅，重要之处加以笔录，这正是他在乡村小学教书读书中的顿悟。

　　国运不昌，战乱频繁，这样的历史岁月给英雄战士提供了热血报国的机会；而对于钱穆先生这样的纯粹学者，则是用投枪一样的思想利剑，为治世救国献上一味苦口良药。他的传世名作《国史大纲》就是在这样的人文环境里孕育的，钱穆用史学的力量回答了面对破碎河山，民族精神之所在，用史学的力量给灵魂以洗礼，这是钱穆在抗战时期的重要文化贡献。余英时曾在《一生为故国招魂》一文中说："（钱穆）希望更深入地在中国史上寻找中国不会亡的根据。钱先生以下八十年的历史研究也可以说全是为此一念所驱使。"说的就是钱穆先生几十年如一日的求索过程与责任担当。

钱穆先生次子钱行的女儿钱婉约,1980 年考入北京大学中文系后,随即向祖父汇报。1981 年,钱婉约向祖父请教读书问题,钱穆先生专门写信谈及读书要义,并给她开出具体的书单。钱穆在回信里首先告诉孙女读书不要着急,没有速成,鼓励孙女只要你坚持读书,喜欢读书,就一定会有前途。他写道:"此事艰难,望你努力以赴,勿求速进,亦勿望小成,庶有远大之希望。"

钱穆详细地列下书单,并讲解读书先后顺序,强调阅读的深入程度。钱穆所提及的书名有《论语》《孟子》《大学》《中庸》《朱子集注章句》《庄子》《老子》《史记》以及钱穆本人所著的《先秦诸子系年》《国史大纲》。

钱穆以具体书目为例谈及读书的目标与方法。在接连的几封回信中,钱穆就《论语》一书的阅读与孙女交流,肯定孙女"《论语新解》能与《朱子集注》以及《十三经注疏》中之《论语》并读,甚佳",强调"《论语》须隔一时再读,则所解自增",建议"《论语》一书涵义甚深,该反求诸己,配合当前所处的世界,逐一思考,则更可深得"。一本书从勾连阅读、反复阅读、实践对照几方面反复深入,强化收获。另外,钱穆建议熟读成诵为佳,他写道:"《庄子纂笺》亦宜看,亦该重复看,不必全能背诵,但须选择爱诵篇章到能背诵为佳";"《史记》,须全读不宜选读……仍盼能背诵"。

钱穆强调每个人要建立自己的独立阅读思考与体系。关于读书所得,钱穆写道:"各人读书所得各不同,须随各人性情智慧自己寻一条路前进,共通指导则总是粗略的。"读书还需会提出问题,钱穆让孙女"待你读后有疑问,我可指点你",同时,还要多问具体问题,"须具体问,我能具体答;笼统发问,是无意义的"。

在信的末尾,钱穆总是鼓励孙女,多多与他交流读书心得,"盼你告诉我你目前最喜欢看的是些什么书"。

在孩子树立人生观、价值观的黄金时期,钱穆更是鼓励在读大学的孙女立下读书的志向,他以孔子"十有五而志于学,三十而立"为例,语重心长地写下"你只要喜爱读书,便会有前途"。正是因为这种读书的教育理念和具体方法,钱家几代孩子都饱读诗书,培养出了优秀的学习能力和思考能力。

世代书香与钱氏家训

无锡钱氏的发迹从唐朝开始,距今已有一千多年,近现代出了钱学森、钱三强、钱锺书、钱穆等众多名士,可谓江南大族之代表。

钱氏家族留下最有价值的是一份只有635个字的钱氏家训,流传至今,乃是清末钱氏三十二代孙钱文选所编辑的。其书删繁就简,从个人、家庭、社会、国家四个方面对子孙后世的思想行为进行了规范。

在《钱氏家训》首句中,"欲造优美之家庭,须立良好之规则"这个规则讲的就是家风。其实家风才是一个家庭最好的不动产,家风才是孩子的起跑线。由此可见,钱氏一族对于子孙的要求不可谓不高。

家训里提道:"利在一身勿谋也,利在天下者必谋之,利在万世者更谋之。"不培养精致的利己主义者,这个理念钱氏家族一直用行动在实践。无锡怀海义庄就是钱家出资办的,每到荒年的时候,钱家就会出来救灾,兴办义学,周边的人都可以来义庄领钱领粮,所有人都可以来这里上学。正是因为这样有担当的教育理念,让钱家孩子都心怀天下,心里装着别人,拥有令人敬佩的人格。

饱读诗书与人格及能力培养

培养孩子的金钱观,不慕富贵,不为了钱出卖自己的灵魂。《钱氏家训》还提到"娶妻求淑女,勿计妆奁,嫁女择佳婿,勿慕富贵"。娶妻的时候,不要去计较陪嫁有多少,嫁女的时候,也不要去贪图别人的家庭富贵。这样的家庭金钱观,钱家后代都身体力行。钱锺书到晚年,把800万的版税全给捐了。钱穆到香港办新亚学院,做成了一流的学府,可他到晚年都没有一套房子。钱学森更是把自己一生获得的数百万元奖金,全部捐献出来,用于沙漠环境的治理。他说虽然我姓钱,但是我不爱钱。正是这样的金钱观教育,让钱家的孩子都有一个特点,他们都不把钱当成人生的第一要义,而是拥有更高的人生追求。

　　培养孩子勤俭,懂得持家,懂得节制欲望。钱学森在生活里,就过得很节俭,一个随身的包缝缝补补,一用就是40多年,哪怕是一把蒲扇,他都用胶水粘过11次之后,还在继续使用。2000年的时候,北京的很多家庭都装上了空调,但钱学森家里依然用蒲扇过夏天,在钱学森的影响下,他的儿子钱永刚也是特别勤俭,他晚年总是骑一辆自行车上班,这一辆自行车,是从年轻的时候开始骑,一直骑到老年,骑了40年。正是因为钱家的勤俭教育,让钱家的子弟都能够超越物质,把人生所有的精力都集中在自己的志向上,更容易做出事业上的成绩。

　　一千多年来,钱氏家训不仅是世代相传,也得到了一代又一代子孙的身体力行,这个家族之所以能够长盛千年,其中很大的原因就来自于钱家的教育理念,这个理念培养出的孩子有担当、有节制、不短视。

第四章

王国维 ▶ 有我之境，无我之境

弃绝科举，终成世界学人

王国维(1877—1927)，中国学者。浙江海宁人，初名国祯，后改国维，字静安，一字伯隅，晚号观堂，又号永观。王国维先生在哲学、文学、史学、美学乃至教育学均有卓越的成就，为中华优秀传统文化的传承与发展做出了巨大贡献。1929年陈寅恪先生在《海宁王静安先生纪念碑铭》中写下："惟此独立之精神，自由之思想，历千万祀，与天壤而同久，共三光而永光。"

王国维从小便聪颖好学，在15岁便考中秀才，与陈守谦等人被誉为"海宁四才子"。但其科举之路非常坎坷，两次应乡试，都不幸落榜了，于是在戊戌风气变化之际弃绝科举。1898年始，王国维打开了人生新机遇，踏上去上海求学的道路,遇到改变他人生轨迹的贵人和知己——罗振玉。1900年12月,王国维在罗振玉的资助下前往日本留学,实现多年的留学梦,但次年却因病回国。而后,他在罗振玉办的《教育世界》杂志上发表许多译作,介绍西方的哲学、美学、教育学等先进思想。1911年,辛亥革命爆发,王国维携亲眷随罗振玉避居到日本,潜心做学问,研究方向转向经史、甲骨文、戏曲等领域,在此期间编撰《宋元戏曲考》《壬癸集》。1916年回国,因生计问题主持编辑《学术丛编》。1922年,王国维谢绝酬金,任教北京大学研究所国学门通讯导师。1925年,担任清华研究院教授,教授古史新证、尚书、说文等。1927年6月,自沉于颐和园鱼藻轩,仅留一封遗书将书稿、家人、财产进行安置。

王国维作为"全世界之所有之学人",平生钻研学问而无穷尽,毕生致力于国学,发表六十余种著作。代表作有《海宁王静安先生遗书》《红楼梦评论》《人间词话》《曲录》《殷周制度论》《流沙坠简》等,涉及哲学、史学、文学、美学、戏曲学多个领域。

求学之路与独立自由的家庭教育

纵观王国维的一生,家庭教育起到至关重要的作用。他很重视家族给予他的光荣历史。王氏是将门之后,更是忠烈之家。王国维曾撰写《补家谱忠壮公传》,追述王氏宋代远祖王禀。王禀虽出身贫贱,但以战功封官,最终死于国难,为国捐躯,是一位真正意义上的民族英雄。靖康元年(1126),王禀与金人作战时兵败自杀,后被朝廷追封为安化郡王,谥忠壮。自此之后,王家一直坚守忠君爱国的传统,传承诗礼兴家,建功立业,造福一方的抱负。但到了王国维父亲王乃誉这辈,王家已经很久没有出现过举国闻名的人才。

王乃誉是一名商人,却兴趣爱好广泛,通过自学在书法、图画、篆刻、诗词、古文、公文等领域都取得了一定的成就。在王国维的教育方面,王乃誉对他有着很高的期望,常带着王国维读书、写字。可以说,王乃誉的教育对王国维的成长起到至关重要的作用,他常以自学精神教导勉励王国维。而刻苦勤奋自学正是王国维后期取得的大多成就的源泉。为考取功名,在王国维7岁时便由家中长辈安排入私塾读书。在此期间,他熟读儒家经典,为以后文史研究打下良好的基础。随后,王乃誉逐渐不满足于旧时儿童的启蒙读本,王国维除了学习时文八股、散文、诗词,在传统儒学和科举考试之外,还接触了很多西方近代科学文化知识。

可见,父母对子女教育的重视是影响孩子一生的宝贵财富。儿童天生就有模仿的本能,父母作为家庭教育的执行者,他们对待世界的态度、生活的习惯会影响儿童。王国维父母的以身作则,给王国维树立良好的榜样,并培养了他读书的良好习惯。在王乃誉的影响和古今承接,中西交融的特殊情境下,王国维从小就对文史学、新思想有浓厚的兴趣。在王国维成长最为关键的青少年时期,恰逢甲午战争及维新变法两大历史背景,他意识到要救国就要学习西方的先进思想,特别是西方的哲学思想来改造国民思想,进而促使他对国家体制、西方思想的思考与探索。于是,在几次乡试失败以及废科举的呼吁中,王国维从此拒绝参加科举考试,进而主张维新改良思想,想要成为精神独立、思想自由之人。作为一名开放的商人,王乃誉也没有强迫王国维一定要从仕。在王国维的坚持下,终究还是同意了他对新学识、新思想的追求。这种以孩子为本位的家庭教育也同样与当时家庭教育的大趋势相一致,尊重孩子的发展水平和兴趣爱好,使用科学的教育方法对孩子起到正向、积极的激励作用。

学习没有新旧与中西之分

王国维在《国学丛刊》序中写道:"今之言学者,有新旧之争,有中西之争,有有用之与无用之学之争。余正告天下曰:学无新旧也,无中西也,无有用无用也。凡立此名者,均不学之徒。"王国维认为学习没有新旧之分,也没有中西之分,他反对只追求新思想并以此否定传统文化;同时也不鼓励拘泥于传统而拒绝接受新鲜事物。在他看来,学习的目的在于融会贯通,拓展人的自身见识和能力,而非追求新旧、中西之说。他没有因为自小学习传统文化就拒绝接受新知识,也没有因为学习新思想就摒弃传统,不论是中国传统抑或是西方新思想,王国维将对传统文化的继承与对现代思想的融合相结合,在学术领域的研究方法一直保持这种独立、自由的人格,使他成为"全世界之所有之学人"。

在这种思想和学潮下,1904年,他受到叔本华悲观哲学的影响,发表了《红楼梦评论》,诠释了《红楼梦》人物的悲剧命运。这部作品将文学和哲学结合起来,运用西方美学理论体系解读《红楼梦》。在解读中,隐含了王国维对人生苦难的理解、对国运衰亡的忧虑。人之所以产生痛苦正是因为欲望的存在,"欲望难以满足便痛苦,满足便无聊"。而减轻这种痛苦的办法就是文艺,以美育的形式远离欲望和痛苦。

在王氏家族的家庭教育中,一方面,他们注重传承传统文化的丰富内涵和深厚底蕴,重视四书五经、知人论世等儒家思想的学习;另一方面在时局动荡的清末,注重学习西方文化,能够睁眼看世界,及时吸收西方国家思想文化迎合时代的要求。在家庭教育、时局动荡、传统文化、西方思想的共同作用下,这段时期为王国维后期思想哲学的形成打下坚实基础。

"四育"相契,知、情、意统一

在明清时期,文人骚客受制于八股文固定形式,其思想、创造力受到极大抑制,很难为国家提供合适的人才。因此,王国维强调教育的紧急性:"国事之亟,而人才之乏,所以教育之事,不可一日缓矣!"

王国维的教育宗旨是:"使人为完全之人物。"他提出:"教育之宗旨何在?在使人为完全之人物而已。人之能力分为内外二者:一曰身体之能力,一曰精神之能力。发达其身体而萎缩其精神,或发达其精神而罢敝其身体,皆非所谓完全者也。完全之人物,精神与身体必不可不为调和之发达。"基于此,王国维提出"四育"的思想,即智育、德育、美育、体育,以期实现知、情、意的有机统一。

发展智力,培养能力

知识无疑是获得其他能力的基础,智育的目的不仅仅是注重知识的积累和提升,也是为了培养思维能力和创新能力。王国维曾说过:"理论之识乃人人天性上所要求者,实际上知识则所以供社会之要求,而维持一生之生活;故知识之教育,实必不可缺者也。"一方面,在理论知识教育中,王国维常常亲自讲授《孟子》《论语》,不在孩子身边的时候,孩子也会跟着其他长辈读唐诗宋词。在王家,读书是一件饥餐渴饮的事情,每到夜幕降临,王家的孩子们便会认真阅读自己感兴趣的书。即便在那个温饱都难以保障的年代,王国维仍然会省钱为自己买书,给孩子们交学费。另一方面,在中国近代教育史上,教育目的从为封建社会培养官员转变到经世致用型的技艺人才。

在经历过一世靠人救济的生活,他不希望子女像他一样颠沛流离,选择了让孩子们都有一技之长,掌握实际之知识。所以,除了王仲闻之外,其他孩子都是以技术工作为生。即便如此,王家人好读书的习惯始终不变,成为在各个行业都出类拔萃的人才。王国维的孙子王庆山说:"王家人受祖父的影响,都十分好学,都安于坐冷板凳。"

在当今日新月异的社会中,技术、知识更新换代的速度极快,人们更是需要不断学习和进修,掌握新的知识和技能,将理论与实践相结合,才能在竞争激烈的各个领域中脱颖而出。

立德树人,注重德育

德育在传统中国教育占有重要地位,自古以来,中国的人才选拔便是选贤与能。王国维强调,"有知识而无道德,则无得一生之福祉"。他认为,只有知识没有道德的人在根本意义上是得不到幸福的。在品德方面,王国维更是以言传身教方式教导子女谨慎节俭,"在喧嚣的社会环境中安于寂寞,安于清贫,用心做事"。即便晚辈没有见过王国维本人,父辈们却将这种品德、精神一代代传承下来。他的孙子王庆山在对家风的回答中表示:"王家人有读书人的傲气。再恶劣的环境下,都鼓励自己不要沉沦,不做小人之事。"

《左传》中记载:"太上有立德,其次有立功,其次有立言,虽久不废,此之谓不朽。"可见,品德是人的立足之本,往往反映了一个人的内在精神追求和至高境界。

提高审美,追求高尚

美育能够提升人的精神境界,即所谓"美育者,与智育相辅而行，以图德"。人的美好情感常常来自自然风景、人文艺术，包括音乐、文学等带来的愉悦。王国维自小生活在环境清幽、具有文人信息的江南水乡，又受到家庭教育中的诗歌、书画等各种形式的艺术熏陶，培养了审美意识。王国维认为美育拥有巨大的社会效用，在《去毒篇》提出，要以美育根治鸦片，以高尚的嗜好代替卑劣的嗜好，达到超凡脱俗的审美情趣。因此，从这个角度来说，美育极富建设性意义，在社会治理中扮演重要的角色。王国维是中国现代美学的奠基者，《人间词话》开创了中国现当代诗词研究的新思维，本身便具有极高的审美价值。其中"昨夜西风凋碧树，独上高楼，望尽天涯路"的不畏孤独探索前路；"衣带渐宽终不悔，为伊消得人憔悴"的废寝忘食追求真理；"众里寻他千百度，蓦然回首，那人却在灯火阑珊处"的失望后豁然顿悟，三境界说意境深远，淳朴真挚，极具美感。

美育是更高层次，在情感、精神价值层面的追求。随着社会的迅速发展，人们沉溺于虚拟的网络世界，追求纸醉金迷的生活，逐渐失去了探索自然和谐之美的本心，造成了人与人情感交流的日渐苍白无力，内心情感匮乏无力。为了满足人的情感需求，达到美育的目的，应鼓励培养高尚情操，抵制低级趣味。

以"完全之人物"为教育目标，结合独立、自由的家庭教育实践，是王国维自身的写照，是他对子女的培养，也是他对国民教育的期望。可以想见，在这种模式的教育下，我们能够培育更多独立、自由的完全之人。

第五章

王力 ▸ 事业家庭，兼爱兼成

留学法国与学术辉煌

王力（1900—1986），字了一，广西博白人，中国语言学家，中国现代语言学的奠基人之一。王力于 1924 年赴上海求学，1926 年考入清华国学研究院，师从梁启超、王国维、赵元任，1927 年赴法国留学，1932 年获巴黎大学文学博士学位后归国，先后在清华大学、西南联合大学、中山大学、岭南大学、北京大学等校任教授，并先后兼任中国科学院哲学社会科学部委员，中国文学改革委员会委员、副主任，中国语言学会名誉会长，全国政协第四届委员，第五、六届常务委员等职。

王力从家乡广西博白走到上海，走到北京，走到国际大都市巴黎，每一段路的历程就如同攀越一座高峰，凭借自己一把把汗水、一滴滴心血、一个个脚印,一步一步地走出来的。

王力出生和求学的年代,正值国家战乱、民族危亡的时代。因家庭极度贫困,王力常在一灯如豆的微光下,甚至在幽暗的月光之下读书,留下终身眼疾。他发奋学习,历经十几载寒窗自学苦读,以深厚才学功底考入清华,并赴法国留学。在异国他乡,他博览群书、苦研各国语言,孜孜以求、融会贯通,终于成为一位学贯东西、精通多国语言的语言学大师。

毕业后,他放弃了优越的生活环境,义无反顾地回到祖国。王力妻子夏蔚霞在《我与了一》一文中写道:"他留学巴黎,获得博士学位后,并不想在国外谋职,过西方知识分子待遇优厚的生活,而是想赶快回国,为祖国效劳。"为祖国效劳,为人类造福,这一宗旨始终贯穿王力平凡而伟大的一生。

王力一生从事汉语教学与研究工作,对汉语语音、语法、训诂、文字、词汇的历史和现状,进行了深入广泛的研究,在音韵学方面成就最大。王力综合了古代语言研究成果和西欧语音学,兼识八国语言。他在继承中国两千多年语言学优良传统的基础上,吸收了现代语言学的理论和方法,为建立中国现代语言学的科学体系做出了很大的贡献。他是第一个以西方诗律学为参照系、用技术定量分析手段总结现代汉语诗歌写作的人,他为中国现代汉语诗歌的写作提供了比较宽泛的基本范式。

中西贯通之后的学术创新

回国后,王力先后在清华大学、西南联大、中山大学、北京大学等7所高等学府从事教学和语言科研工作,直至生命的最后时光,他仍只争朝夕地撰写著作,他卓著的学术成就、严谨的治学思想和无私的育才情怀,赢得了业界、同行、学子及国人尊崇。

王力在将近60年的学术生涯中,写了1 000多万字的学术论著,其中专著40多种,论文近200篇。著作中不少被译为美、英、法、日、俄等多国文字,被列为研究生必读之书和汉语基础课教科书。王力先生的学术成就使他成为继王国维、赵元任之后,和罗常培同期的著名汉语语言学家。

王力先生一生治学严谨,成果甚丰。有人向他请教做学问的经验,王先生道出六个字:"说有易,说无难"。这六字真言似乎也不难懂,就是说"有无之辨"要慎下结论,但是真的能做到说理论事有调查、有论证,忠于事实,客观分析的人却是少之又少。

"说有易,说无难"这句话最早来自赵元任,1943年王力写成《中国现代语法》一书,在书前的"自序"里,他谈道:赵元任先生在我的研究生论文上所批"说有易,说无难"六个字,至今成为我的座右铭。原来,王力先生曾写过一篇论文,论证古汉语里没有某种现象,文章交上去以后,被导师赵元任写下这六个字的批语，告诫他语言研究切忌轻易下否定性的结论，因为随时有例外的情况出现。陈寅恪也有类似的一段话："凡前人对历史发展所流传下来的记载或追述，我们如果要证明它为'有'，则比较容易；因为只要能够发现一二种别的记录以作旁证，就可以证明它为'有'了。如果要证明它'无'则委实不易，千万要小心从事。"自此，王力把赵元任对他论文的批评，作为治学座右铭，流传给了一代又一代语言学人，也是王力做人做事严谨踏实精神的缩影。

王力的一系列著作都充满独创精神，大多发前所未有之新声。他出版的《中国语法理论》《中国现代语法》《汉语诗律学》《汉语史稿》《中国语言学史》等作品，以《红楼梦》为标准，辅之以《儿女英雄传》，使汉语研究摆脱了对西洋语法的模仿，而走上了真正独立自主的道路。《汉语诗律学》全面详尽地阐释了古今诗词格律，揭示了古典诗词的句法特点。《汉语史稿》第一次系统叙述了汉语语音、词汇、语法的发展历史，开创了汉语研究的新天地。《中国语言学史》第一次全面扼要地论述了中国文字学、训诂学、音韵学、语法学的产生、发展及其源流，总结了自先秦至清代的汉语研究成果。

王力也是我国高等教育界教学与科研密切相结合的典范。他主编的《古代汉语》首创了文选、通论、常用词三结合的教材体系，为推进全国古汉语教学立下了不朽功勋。特别值得一提的是，王力生前孜孜以求的重要工作之一，便是文字改革、推广《汉语拼音方案》和普通话。在推进文字改革、推广

《汉语拼音方案》和普通话方面,他以专业视角分析汉字改革的利弊及可行性,促进了汉语规范化的发展。

帮助孩子成为他自己

亲情浓厚,和睦温馨

王力有8个孩子。秦似(原名王缉和)是王力的长子,在战乱年代,王力先生与长子秦似多年都没有见过面,但王力一直非常关心和留意秦似的信息,对儿子的思念也与日俱增。抗战胜利前夕,身在昆明的王力先生在报纸上突然看到秦似在桂东南抗日起义中牺牲的消息,顿如五雷轰顶,悲痛万分,连夜写下了《吊和儿》一诗:"千里迢迢桂滇间,七载音书鲜往还。问道奇才堪跨灶,不图孤愤竟逾闲。属文欲驾呕心事,弃世终成短命颜。谁复桂林寻《野草》,梦魂长绕月牙山。"

但事实上秦似并没有牺牲,他因事先得到情报而及时跳出了敌人的包围圈。秦似夫妇被乱枪击毙的报道是敌人故意编造的假新闻。秦似在报纸上看到父亲的《吊和儿》诗后,深感父亲对自己的关爱与牵挂,于是以深情的笔触写了《答父》诗:"万里烽烟战乱间,坎坷几许蚁民还。胸怀浩气余生苦,志切时潮死等闲。道路满传伤慈泪,衙廷悔过耻赧颜。漫怜民主一砖石,俯仰屡当巨泰山。"秦似同样把诗作发表在报纸上,既是告知父亲自己还活着,也是表达对父亲的安慰与思念,同时也表达了自己坚定不移的抱负和志向。王力看到《答父》诗后,欣喜不已,父子之间的心贴得更近了。

助力子女,各成其才

在王力的意识里,每个孩子都有自己的天赋,即使是兄弟姐妹,爱好兴趣也会相差很大,王力和妻子在培养子女的时候,重视孩子发展自己的所长,帮助孩子成为他自己,找到属于自己安身立命的事业。

在当时的条件下,一个人成长接触的信息与事物尚且有限,所以家庭教育在子女的思想、知识、习惯、三观养成方面起到的作用是绝对的主导。王力的儿子王缉志提到父亲对子女的语文要求很严,子女写的文章里不能出现不通顺的句子,更不能有错别字,父亲对他的最大影响是"做人正直,做事严谨,文笔流畅"。

在子女多的大家庭中,父母的教导,兄弟姐妹的相互影响,会形成家庭特有的氛围。当然每个子女由于先天条件、后来学习工作环境、境遇的不同,性格会有所不同,但是每个子女仍有一些特质是共同的。在王力教导下的几个儿女,不仅个个弹得一手好巴扬(俄式古手风琴),而且在60年代之后都进入北大、清华、人大学习,王缉志和王缉惠在商界取得不小成就,王缉慈、王缉思和王缉宪都成了经济地理、国际政策方面的教授,王缉平成了广西医科大学教授,广西医科大学附属医院神经内科首任主任,王缉国成了广西日报社编辑,王缉和成了作家、语言学家。

子承父业，是很普遍的现象。很多人问过王力的孩子，你怎么没有选择你父亲的专业呢？王缉志是王力的第四子，1957年至1963年就读于北京大学数学力学系。1963年毕业，被分配到中国科学院心理研究所。在王缉志的采访中，他多次谈到父亲对于他个人喜欢的理科学习的支持。"我从小喜欢数学、物理等，而父亲是搞文学的。他曾对我说过，他也喜欢数学，但是他年轻的时候由于个人财力的原因，只能选择文科，要不然，他也会选择理科。所以他并没有要求我继承他的专业，倒是支持我学理工科。"父母的支持和引导，就像是给兴趣的种子浇水，让孩子的长处不断发展，提升自信，最终将兴趣发展为孩子的自身成长的动力与追求。

家长还要给生活与学业留白，让孩子学会去思考。可以说"留白"是"尝试"的前提条件，要在学习、生活安排上有弹性，让孩子有尝试的时间，不能用家长的安排把孩子的时间都占满了，把节奏放慢，才能体会到生活、学习本身的趣味和乐趣。以王力本人为例，除了做艰深烦琐的学术研究，他还经常深入去浅出地完成通俗文章。用他自己的话来说，这是"龙虫并雕"——古人有所谓雕龙、雕虫的说法，在这里，雕龙指专门著作，雕虫指一般小文章、小意思。龙虫并雕，即两样都干。他写的小品文集合为《龙虫并雕斋琐语》，浅显易懂的语言中都凝聚着这位学术大家的智慧结晶。在课堂上，王力讲授严谨的语言知识时，都会选择一些生动有趣的案例来说明，常常引得学生们哄堂大笑，让记忆枯燥的知识点变得令人印象深刻。

后记

亲子之爱与家庭之教,是人间至纯的情感和至善的理性,也是人类绵延不息的奥秘。

在人间所有的情感与智慧中,父母对儿女的爱,对儿女的教诲,是最为深沉、最为独特的一种。这种爱和叮咛,蕴藏着无可替代的力量,宛如繁星点点,烛照着人类在时光隧道里缓缓前行。卡尔·马克思说:"还有什么比父母心中蕴藏着的情感更为神圣的呢?父母的心,是最仁慈的法官,是最贴心的朋友,是爱的太阳,它的光焰照耀、温暖着凝聚在我们心灵深处的意向。"

父母,总是把孩子视为生命中最重要的部分,用全部的心血去呵护、去照拂,恨不得将世间所有的善意和庇护都倾注在儿女身上。这份爱和教导无怨无悔,无私无畏,理性深刻,如同太阳一样辉煌,如月亮一样清澈,为儿女的成长提供了无穷的力量和向上的动力。而孩子对父母的回报,对父母的尊敬和关心,对父母的反哺和光耀,也是他们内心最深的情感表达。他们为父母分担忧虑,为父母奔波在路,陪伴父母慢慢变老,把家族的荣光发扬光大。

亲子之爱与家庭之教,广大无边,无处不在。无论儿女走到哪里,无论父母身处何方,这份情感和理性都会如影随形,弥漫在儿女的头顶和天空,无比深厚,无比真挚。它是情感和智慧的传递,更是生命和精神的延续。它以一种春风化雨、润物无声的方式,流淌在人类社会的每一个角落。无论时代如何变迁,无论世事如何变幻,父母对儿女的深情眷顾,儿女对父母的虔诚回报,始终都在,从未改变。

回望中国近现代时期名人名家的家庭教育实景,重温那些散落在时光深处的亲子温情与家教智慧,体味其中的温馨、理性、深远和绵长,就是一种最好的学习和领悟。

也因此,父母所在的那个家,是我们人生之旅的始发港,也是人生回归的目的地。

加拿大教育家维吉尼亚·萨提亚说:"我相信家庭与外界是决然不同的,它可以充满爱,关怀及了解,成为一个人养精蓄锐的场所。"

对于那些深受父母之爱和家教之光滋润的成熟儿女,他们所能达到的理想高度应该是这样的——他们发展了父母双方的良知,既能保持和父母的紧密关系,又能创新传承父母的进取精神,并由此成为父母的至爱和传人。这,正是"名人家庭教育丛书"呈现给我们的精髓之所在。

"名人家庭教育丛书"的顺利出版,首先要感谢上海开放大学副校长王伯军。王校长领衔的"名人家庭教育丛书"编委会在广泛调研的基础上确立了丛书的选题、框架和表达风格。其次要感谢上海开放大学非学历教育部部长王松华研究员,王部长自始至终全程参与了丛书的策划和实施,为丛书的顺利完成不断助力。

"名人家庭教育丛书"能够如期付梓,还要感谢八位作者,他们从国家开放大学、上海财经大学、中国福利会、上海开放大学总校及分校汇集到一起,在丛书编委会的指导下独立思考,潜心写作,高效完成了丛书的写作。在此,向八位作者表示由衷的敬佩和感谢!

"名人家庭教育丛书"的圆满出版,更要感谢上海远东出版社程云琦主任带领的编辑团队,他们为丛书的设计、审阅出版付出了辛勤劳动和专业智慧。

本丛书从制定撰写方案到完稿前后只有一年半时间,加之作者撰写经验有限,丛书难免有疏漏或不当之处,敬请读者批评指正!

"名人家庭教育丛书"主编　杨敏